MARCO ⊕ POLO
SÜDAMERIKA

*Fünf Symbole sollen Ihnen
die Orientierung in diesem Führer erleichtern:*

für Marco Polo Tips – die besten in jeder Kategorie

für alle Objekte, bei denen Sie auch eine schöne Aussicht haben

für Plätze, wo Sie bestimmt viele Einheimische treffen

für Treffpunkte für junge Leute

(A1)
Koordinaten für die Übersichtskarte
(O) *außerhalb des Kartenbereiches*

*Diesen Führer schrieb Carl D. Goerdeler.
Er lebt seit 14 Jahren in Südamerika und berichtet von dort
als Korrespondent für deutsche Zeitungen,
unter anderem für »Die Zeit«.
Die Marco Polo Reihe wird herausgegeben
von Ferdinand Ranft.*

MAIRS GEOGRAPHISCHER VERLAG

MARCO ⊕ POLO

Für Ihre nächste Reise gibt es folgende Titel dieser Reihe:

Die Marco Polo Redaktion freut sich, wenn Sie ihr schreiben:
Marco Polo Redaktion, Mairs Geographischer Verlag
Postfach 31 51, D-73751 Ostfildern

Unsere Autoren haben nach bestem Wissen recherchiert. Trotzdem schleichen sich manchmal Fehler ein, für die der Verlag keine Haftung übernehmen kann.

Titelbild: Karneval in Rio (Schapowalow/Bernutz)

Fotos: Janicke (8, 73, 86, 88, 95, 96, 102, 111, 123, 138); Jennerich (14, 20, 83, 135); Lade: Rohr (117); Soria (35), Welsh (125); Schuster: Explorer (30), Fiore (41, 42), Harding (78), Kirchgessner (24), Kummels (22, 74, 92, 99, 127), Liebelt (53), Postl (132), Prisma (61), Scholz (130), Siewert (47); SIPA press/Nutan (50); Sperber (9); Strobel (7, 11, 16, 54, 65, 66, 71); Thomas (28); Transglobe: Ehlers (Anreise), Hetet (36), Koene (62), McLeod (109, 118), Moody (26), Rudhart (4), Rütschi (101)

2., aktualisierte Auflage 1997 © Mairs Geographischer Verlag, Ostfildern
Lektorat: Nikolai Michaelis
Gestaltung: Thienhaus/Wippermann (Büro Hamburg)
Sprachführer: in Zusammenarbeit mit dem Ernst Klett Verlag für Wissen und Bildung GmbH,
Redaktion PONS Wörterbücher

Printed in Germany
Gedruckt auf 100% chlorfrei gebleichtem Papier

INHALT

Entdecken Sie Südamerika!

Ein ganzer Kosmos verschiedener Landschaften und Kulturen

Klatschnaß klebt das Hemd am Leibe. Zinnoberrot hat sich der Pistenstaub in die schweißfeuchte Haut gefressen. Der Bus bockt und schlägt wie ein störrischer Esel, und jedesmal wenn er in ein Schlagloch rumst, bleibt einen Herzschlag lang alles in der Schwebe. Voraus am Horizont flackern Gewitter. Die Baumskelette der toten Urwaldriesen recken ihre knochigen Hände gegen den schillernden Himmel. Der Regen prasselt wie mit genagelten Stiefeln auf das Dach und paukt auf das Blech, als wäre der Bus eine Landsknechtstrommel. Wie betrunken torkelt der Bus voran, schleift, pflügt, dreht durch, robbt weiter, rutscht, schleudert, stellt sich quer. Hinter dem Regenschleier sind einige Funzeln auszumachen. »Eldorado«, grummelt einer der Stoppelbärte und zeigt nach draußen in Richtung der Lichter.

»Eldorado«. Goldland, Glücksland, Schlaraffenland. Der alchimistische Traum vom Stein der Weisen, der Goldmacherei, und die Suche nach dem irdischen Paradies hatten das späte Mittelalter verhext und bis zur Massenhysterie getrieben. Christoph Kolumbus meldet an den Escorial die Entdeckung von »Westindien«. »Wo ist das Gold?« ist seine allererste Frage an die federgeschmückten Wilden. Bevor der kastilische Schweinehirte Francisco Pizarro den Inkakaiser Atahualpa auf den Scheiterhaufen schickt, soll dieser der Überlieferung nach gesagt haben: »Sie wollen Gold. Sie winseln um Gold, sie schreien um Gold, sie zerfleischen einander um Gold.« Gold, *oro, ouro.* Die Generäle Simón Bolívar, José de San Martín, Antonio José de Sucre und die vielen anderen »Befreier Amerikas« mit ihren Soldaten – sie schlugen die vielen blutigen Schlachten nicht, um »Eldorado« an das dumpfe Volk fallen zu lassen. Gold und Silber sollten vielmehr die Fundamente der jungen Staaten und ihrer Vermögenden sein.

Die Kartoffel, der Tabak, der Kautschuk, die Banane, Tomate, Ananas, schließlich der Mais, das heilige Brot der Indianer: Eine

Früher »grüne Hölle«, dann »Lunge der Erde«: die Klimamaschine tropischer Regenwald

Vielzahl von Naturprodukten verdanken die Europäer der Entdeckung Amerikas. Für die unglaublich hoch entwickelte Landwirtschaft der amerikanischen Urvölker hatten die europäischen Eroberer freilich keinen Sinn. Die Indianer der präkolumbischen Zivilisationen rangen der Natur einen vielfach höheren Ertrag ab als jeder Bauer aus der Alten Welt.

Die durch die Goldgier hervorgerufene Ignoranz der Europäer wurde durch ihre überlegene Waffentechnik noch verstärkt. Kolumbus glaubte bekanntlich zeit seines Lebens, der Kontinent, den er entdeckt hatte, sei ein Teil Indiens. So verblendet wie er blieben auch seine Nachfolger gegenüber den indianischen Hochkulturen. Das »Ei des Kolumbus« lag gewissermaßen unter seinem Rücken, ohne daß er es merkte: die Hängematte, eine geniale Erfindung der Amerikaner. Die »Indianer«, so schätzte Christoph Kolumbus, könne man wohl mit einigen fünfzig Mann niederhalten und zu allem zwingen; sie könnten zu treuen und klugen Dienern herangezogen und leicht zu Christen bekehrt werden.

Doch die Bekehrung der »edlen Wilden« war nicht so einfach, wie sich der Genuese das dachte. Wo die Überredung nichts half, mußten eben die Waffen sprechen. Den größten Völkermord in der Menschheitsgeschichte, die fast vollständige Ausrottung der Ureinwohner Amerikas, hat damals keiner so unerbittlich gegeißelt wie der Dominikanermönch Bartolomé de Las Casas: »Die verruchten, verblendeten, von Gott verlassenen Spanier

sahen nicht ein, daß die Indianer die gerechteste und gültigste Ursache gehabt hätten, sie in Stücke zu hauen und aus ihrem Land zu werfen.« Bis heute bleibt es ein Rätsel, warum es den zahlenmäßig weit überlegenen Amerikanern nicht gelang, die europäischen Konquistadoren abzuwehren. Ein Grund dafür war wohl die völlige Zersplitterung der Urbevölkerung in zigtausend unterschiedliche Stämme und Sprachen.

Daran hat sich bis heute nichts geändert, wenn auch die indianische Bevölkerung Amerikas mit 40 Millionen (bei insgesamt rund 300 Millionen Südamerikanern) vermutlich wieder so zahlreich ist wie zur Zeit von Kolumbus – auf dem Kontinent bildet sie gleichwohl nur eine kleine Minderheit. Aber den »reinen Indianer« anzutreffen ist ohnehin ein Traum der Anthropologen und der zivilisationsgeschädigten Weißen. In den meisten Ländern Lateinamerikas leben Bevölkerungsgruppen nichteuropäischer Herkunft am Rande der Gesellschaft, so zum Beispiel auch die Nachfahren der afrikanischen Sklaven.

Die Indianer wurden mit Schwert und Kreuz dezimiert, aber ihre Götter konnte man nicht so leicht töten. Weihrauch vermischte sich mit Tabaksqualm der heidnischen Götter. Überall in Lateinamerika verschmolz der alte Kult mit dem christlichen Ritus. Zur indianischen Schlacke kam die afrikanische Glut. Zehn Millionen Afrikaner hatten die Weißen mit dem Segen der Kirche in die Neue Welt verschleppt, hatten sie versklavt und getauft. In der Neuen Welt hatte das Kreuz von Anfang an dem Schwert zu dienen – und nicht umgekehrt. Die Kirche stand fest auf der Seite der europäischen Unterdrücker. In den Adern der Kardinäle und Generäle floß natürlich iberisches Blut. Nur die Gemeinen und die einfache Geistlichkeit rekrutierten sich aus den Mischehen der »Criollo«-Gesellschaft. Der Aufbruch in die neue Zeit begann mit der lateinamerikanischen Bischofskonferenz von Medellín 1968. Die Bischöfe wollten zur Unterdrückung der Völker nicht länger schweigen. Ihr Platz sei an der Seite der Armen und Geknechteten; die »Theologie der Befreiung« wurde aus der Taufe gehoben. Ohne den Einfluß der Befreiungstheologie und der progressiven Kirche wäre die demokratische Öffnung in Südamerika nicht so schnell erfolgt. Aber die Demokratie hat weder die materiellen noch die spirituellen Nöte der Südamerikaner beseitigt. Die Amtskirche hat sich längst wieder in die Sakristei zurückgezogen. Sie verschließt ihre Augen vor dem größten Problem des Kontinents, der Überbevölkerung.

Die achtziger Jahre waren für Südamerika ein »verlorenes Jahrzehnt«. Aber die neunziger Jahre haben sich hoffnungsvoll angelassen, mit mehr Demokratie, etwas größerer wirtschaftlicher Stabilität und allgemein geringeren Inflationsraten. Südamerika gilt traditionell als »Mittelklasse« im Kreis der Nationen. Während Europa in Schutt und Asche lag, nannte sich Uruguay stolz »die Schweiz Südamerikas«, und der argentinische Peso wog so schwer wie der Golddollar. Gelegentliche politische Turbulenzen konnten

Wer seine Schuhe selber putzt, macht sich lächerlich in Südamerika

nicht verdecken, daß die meisten Länder Südamerikas attraktive Märkte waren, wo man gut Geld verdienen konnte. Namentlich das tropische Riesenreich Brasilien lockte ausländische Investoren, allen voran die aus Nordamerika, Deutschland und der Schweiz. São Paulo, so heißt es bis heute, sei die größte deutsche Industriestadt – nach Anlageinvestitionen gerechnet.

Die Millionen flossen reichlich, Südamerika genoß fast grenzenlosen Kredit. Zuviel, wie die Gläubiger nach den ersten Ölkrisen zu ihrer eigenen Überraschung feststellen mußten. Die Latinos gaben das Geld mit beiden Händen aus und lebten über die realen Verhältnisse. Straßen und Staudämme hatte man reichlich gebaut – aber auch eine überbordende Bürokratie herangezüchtet. Mitte der achtziger Jahre gab es so gut wie kein Land in Lateinamerika, das nicht zweistellige Geldentwertungen zu verzeichnen hatte. Die Militärs konnten planen und anordnen, aber von den Gesetzen des Marktes verstanden sie nicht viel. Zum Schluß unterlagen sie nicht den Waffen, sondern den Zinsen. Die

Demokratie trat auf dem Kontinent ihren Siegeszug an. Aber sie hatte eine schwere Erblast zu tragen. Hinzu kamen die überzogenen Hoffnungen, die demokratisch gewählten Regierungen würden nun alles besser machen. Nicht wenige Präsidenten glaubten wirklich, sie könnten mit einem Schlag den Drachen der Inflation besiegen und den Staat entrümpeln. Man sprach von einer *perestroica latina*.

Das Ende des Kalten Krieges und das Zusammenwachsen Europas zu einem Wirtschaftsraum haben auch in Südamerika zum Umdenken geführt. Die südamerikanischen Staaten, die untereinander weit weniger Handel als mit Übersee treiben, besinnen sich auf ihre gemeinsame Topographie. Der ehemalige US-Präsident George Bush hat mit seiner »Initiative für Amerika« die Vision eines gemeinsamen Marktes von Alaska bis Feuerland anklingen lassen. Die grenzüberschreitende Regionalisierung als Vorstufe zu einer panamerikanischen Wirtschaftsgemeinschaft nimmt inzwischen ganz konkrete Formen an. Brasilien, Argentinien, Uruguay und Paraguay haben eine Zollunion, den Mercosur, vereinbart – gleiches gilt für die Andenstaaten und die Karibikanrainer. Der Weg zu einer Öffnung und Modernisierung der lateinamerikanischen Volkswirtschaften ist noch steil und steinig. Von der Statistik wird man nicht satt. Makro-

Die Inkabauten sind wahrscheinlich die größte Attraktion der Andenländer

8

ökonomische Daten besagen oft wenig über die wirkliche soziale Lage und politische Stabilität.

Die Andenstaaten Ecuador, Bolivien und Peru sind die armen Schlucker der südamerikanischen Sippe, Venezuela gilt wegen seines Erdöls als neureicher Vetter – und als Hort der politischen Korruption. Die Drogenkartelle haben Kolumbien als Zentrum der Gewalt in Verruf gebracht – in Wahrheit zeichnet sich das Land durch relativ geringe soziale Kontraste aus. Brasiliens Image hat durch Meldungen über Todesschwadronen, Kindermorde und die Vernichtung des Regenwaldes schwer gelitten; daß das fünftgrößte Land der Erde eine funktionierende Demokratie ist, wird leicht übersehen. Die La-Plata-Staaten erinnern viele Besucher an ein Südeuropa der fünfziger Jahre. Chile ist dagegen das wirtschaftliche (und auch politische) Wunderkind des Kontinents.

Der größte Strom (Amazonas), das längste Hochgebirge (Anden), die trockenste Wüste (Atacama), die entfernteste Insel (Osterinsel), die wertvollste biologische Schatzkammer der Erde (Regenwald des Amazonas), die mächtigsten Wasserfälle (Iguaçu), das stürmischste Kap (Hoorn), der längste Sandstrand (7400 km Atlantikküste), das exotischste Biotop (Galápagos-Inseln), der höchste Regierungssitz (La Paz) und die südlichste Hauptstadt (Buenos Aires), das tiefste künstliche Loch (Chuquicamata-Mine) und die zweitgrößte Weltmetropole (São Paulo): Die Aufzählung könnte noch fortgesetzt werden – Südamerika, ein Kontinent der Superlative.

Fast jeder kann die Konturen dieses Kontinents aus dem Gedächtnis nachzeichnen: ein großes, langgezogenes Dreieck, das am Isthmus von Panama wie an einem seidenen Faden hängt und durch dessen »oberes« Viertel der Äquator läuft. Das Dreieck ist rund 7500 km lang und bis zu 5000 km breit. An seinem westlichen, pazifischen Schenkel die Anden, am östlichen das Amazonastiefland und dann die Südspitze mit Patagonien. Die Struktur des Kontinents ist natürlich weit komplizierter, aber als geographische und kulturelle Gliederung bieten sich folgende Großlandschaften an: der zur Karibik hin orientierte Norden mit den Ländern Kolumbien, Venezuela und den drei Guyanas; die Staaten der Zentralanden: Ecuador, Peru und Bolivien; Brasilien, das 40 Prozent der Landmasse mit dem Amazonasbecken und dem zentralen Hochland einnimmt; die Länder am La-Plata-Becken – Paraguay, Uruguay und Argentinien; schließlich Chile, das sich am äußersten Westrand als schmaler Streifen über mehr als 4000 km von Nord nach Süd erstreckt.

Der vielseitigen Gestalt Südamerikas entsprechen die Klimazonen, Flora und Fauna: im Norden relativ mildes, karibisches Küstenklima, im Amazonastiefland immerfeuchte Tropen, in der Andenregion der krasse Klima- und Vegetationswechsel je nach Höhenstufe, im südlichen Zipfel des Kontinents gemäßigtes Klima, dessen Jahreszeiten gegenüber denen von Mitteleuropa um sechs Monate verschoben sind und die dem Einfluß antarktischer Kaltluftfronten unterliegen. Das Wetter an der pazifischen Küste wird bis in die Nähe des Äquators durch den kalten Humboldtstrom bestimmt; er sorgt dafür, daß Lima häufig unter einer dichten Nebeldecke liegt. Gleichwohl fällt im schmalen pazifischen Küstenstreifen so gut wie nie Regen – von Nordperu bis nach Mittelchile ist die Küste eine einzige Wüste. Auch das scheinbar so fruchtbare Amazonasgebiet ist im Grund eine »grüne Wüste«, wie wir heute wissen. Der Regenwald existiert auf extrem nährstoffarmen Böden und erhält sich nur durch ein ausgefeiltes System verschiedener Nahrungsketten. Deshalb ist die Artenzahl der Pflanzen und Tiere, die Biodiversität, sehr hoch.

Gleichwohl ist es bezeichnend, daß in Südamerika in freier Natur keine großen Säugetiere leben, das größte ist der ponygroße Tapir. Aber Südamerika hat durch seine isolierte Lage besondere Formen der Tierwelt hervorgebracht – wie beispielsweise die kamelartigen Lamas, Alpakas und Guanakos, die Greifschwanzaffen, die sehr altertümlich wirkenden Gürteltiere, Ameisenbären und Faultiere und schließlich die winzigsten Flieger: die Kolibris. Gäbe es ein Wappentier von Südamerika, dann müßten sich vermutlich der Kondor und der Papagei die Ehre teilen: Der erste steht für die Anden, der zweite für das Amazonasgebiet.

144 Buchseiten reichen bei weitem nicht aus, um auch nur ansatzweise alle Reiseziele des Subkontinents zu beschreiben. Dieser Reiseführer beschränkt sich deshalb auf eine zugegeben subjektive Auswahl der »Höhepunkte« und bekanntesten Reiseziele für den Touristen mit wenig Zeit. Südamerika ist als Reiseziel immer noch wenig erschlossen. Mangel an Naturschönheiten und Kulturdenkmälern kann dafür kein Grund sein. 7400 Kilometer brasilianischer Atlantikküste, wie man sich das Paradies erträumt, idyllische Kolonialstädtchen, bunte Indianermärkte, Inkaburgen, die sich neben den Pyramiden sehen lassen können, Schneeberge in den Anden und Regenwälder am Amazonas – zwischen dem Panamakanal und Feuerland liegt ein ganzer Kosmos verschiedener Landschaften und Kulturen. Beim genauen Hinsehen entpuppt sich Südamerika als so bunt und vielfältig wie Europa – nur daß der Kontinent durch die Lingua franca Spanisch (bzw. Portugiesisch) zusammengehalten wird. Ein paar Brocken »Castellano« aus dem letzten Urlaub an der Costa Brava können dem Reisenden in Südamerika nicht schaden. Spanisch wird auch in Brasilien eher als Englisch verstanden. Wichtig ist der Kontakt von Mensch zu Mensch, auch wenn dieser ein »Gringo« ist.

Der direkte Blickkontakt schreckt auch potentielle Diebe ab. Wer würde schon einen *amigo* beklauen? Der sensible Tourist wird sich an seine Umwelt anpassen und nicht mit seinem Reichtum protzen. Die Kamera gehört in eine unauffällige Einkaufstüte, der Schmuck in den Hoteltresor, die Brieftasche ebenso. Eurocheques sind in Südamerika unbekannt, Dollars – am besten in kleiner Stückelung – dagegen nicht. Die »greenbacks« gelten fast überall als Parallelwährung. Vorsicht beim Geldwechseln auf offener Straße! Oft werden ei-

Bei einer Begegnung mit einer Lamaherde bleibt manchem die Spucke weg

nem alte, ungültige Noten angedreht, deren Wert nur den vielen aufgedruckten Nullen entspricht. Wie das Geld, so zerfließt auch die Zeit in Südamerika ins unbestimmte. *Mañana* braucht nicht »morgen« zu heißen, *pronto* kann auch »später« sein. Wer nach Viertelstunden rechnet, hat selber schuld. Gottvertrauen und Geduld, lederne Trommelfelle, eine dicke Haut, flinke Augen und offene Herzen sind gute Eigenschaften, um in Südamerika weiterzukommen, Arroganz und Besserwisserei nicht.

Wer nicht gerade auf Expeditionen tief in den Dschungel vordringen oder plant, in einer Favela zu hausen, kann auf Malariaprophylaxe verzichten, nicht aber auf Gelbfieberimpfung, deren Nachweis z. B. Brasilien bei allen Reisenden aus den Andenländern verlangt. Grippetabletten und ein Pullover (für die kalten Andennächte oder die klimatisierten Hotelfoyers) sind von höherem Nutzen. Kurze Hosen oder Gesundheitssandalen bleiben besser daheim. Erstens er-

kennt man daran gleich den Touristen, und zweitens sind Tennisschuhe und T-Shirt den Umständen von Hitze, Staub und Schlamm besser angepaßt. Wer glaubt, die Koffer selber tragen oder seine Schuhe selber putzen zu müssen, macht sich lächerlich und nimmt den vielen, oft aufdringlichen dienstbaren Geistern das Brot. Auch hier gilt die Regel: Bestimmt auftreten, klare Anordnungen geben – und dann den Dienst ordentlich bezahlen. Feilschen sollte man nur um größere Beträge. Präzise Auskünfte sind selten zu erhalten, der Reisende sollte sich auf seinen Instinkt und Menschenverstand verlassen. Südamerika ist nicht der kleine, gepflegte Garten Europas. Alle Dimensionen sind anders – vor allem größer. Während in der Alten Welt die Probleme der Vergangenheit und Zukunft gewälzt werden, leben die Südamerikaner in der chaotischen Gegenwart. Europa gleicht einem Museum – Südamerika einem akrobatischen Zirkus. Jeder Tag ist neu, und morgen kommt ein anderer.

Geschichtstabelle

Um 30 000 v. Chr.
Höhlenmalereien in Mato Grosso belegen die Existenz von menschlichen Bewohnern auf dem Kontinent

1200 v. Chr.
An der Nordküste Perus entwickelt sich die erste südamerikanische Hochkultur (Chavín-Kultur)

1000 n. Chr.
Aymara-Hochkultur am Titicaca-See

1400
Blütezeit des großen Inkareiches, das fast den gesamten Andenraum umfaßt

1492
Christoph Kolumbus »entdeckt« Amerika

1494
Vertrag von Tordesillas; Spanien und Portugal teilen die Welt unter sich auf

1498
Auf seiner dritten Atlantikquerung betritt Kolumbus an der Orinoco-Mündung das südamerikanische Festland

1500
Pedro Alvarez Cabral erreicht die brasilianische Küste und nimmt das Land im Namen des Königs Manuel von Portugal in Besitz

1503
Einführung des »Encomienda«-Tributsystems zur Versklavung der Indios

1519–1522
Erste Weltumsegelung des Portugiesen Fernão de Magalhães (Magellan); er durchquert Südamerika über die nach ihm benannte Seestraße

1524
Einrichtung des »Indienrates« der spanischen Krone. Die oberste Kolonialbehörde wird erst 1812 aufgelöst

1532
Der Spanier Francisco Pizarro unternimmt einen Eroberungsfeldzug ins peruanische Hochland, nimmt den Inkaherrscher Atahualpa gefangen und läßt ihn später hinrichten

1542
Der spanische Bischof Bartolomé de Las Casas klagt öffentlich über die Ausrottung der Indios; Francisco de Orellana, ebenfalls Spanier, durchquert den Kontinent über den Amazonas

1543
Errichtung des Vizekönigreiches Peru; es umfaßt alle südamerikanischen Besitzungen Spaniens mit Ausnahme Venezuelas

1780
Tupac-Amaru-Aufstand im Namen des letzten Inkaherrschers gegen die spanischen Kolonisatoren

1799
Alexander von Humboldt bereist das spanische Kolonialreich und stellt erste wissenschaftliche Untersuchungen des Kontinents an

1810
Beginn der Kämpfe gegen Spanien, die in den folgenden drei Jahrzehnten zur Unabhängigkeit aller Kolonien führen

1822
Prinzregent Pedro ruft die Unabhängigkeit Brasiliens aus und wird zum Kaiser proklamiert

1864
Krieg der »Tripelallianz« (Argentinien, Brasilien, Uruguay) gegen Paraguay

1879
Salpeterkrieg zwischen Chile und Peru/Bolivien; die Chilenen besetzen 1881 Lima

1888
Brasilien schafft als letztes Land in Südamerika die Sklaverei ab; darüber stürzt Kaiser Pedro II., Brasilien wird Republik

1900
Kautschukboom in Amazonien

1932
Bolivien verliert im Chacokrieg ein Viertel seines Staatsgebietes an Paraguay, das seinerseits kurz vor dem Zusammenbruch steht

1945
Alle südamerikanischen Länder befinden sich im Kriegszustand mit dem Deutschen Reich

1946
Oberst Juan Domingo Perón übernimmt in Argentinien die Macht; er wird 1955 durch einen Putsch abgesetzt

1964
Militärputsch in Brasilien; erst 21 Jahre später Rückkehr zur Demokratie

1973
General Augusto Pinochet putscht gegen die Volksfrontregierung unter Salvador Allende in Chile

1982
Falkland-Krieg gegen Großbritannien endet mit argentinischer Niederlage, die zugleich das Ende der Militärdiktatur bedeutet

1990
Fast alle Länder Südamerikas sind nach längeren Perioden militärischer Diktatur Demokratien. Die Auslandsschulden lasten schwer auf allen Ländern

1992
UN-Umweltkonferenz in Rio de Janeiro stimuliert in Südamerika die Debatte über die eigenen Naturressourcen; Wende in der ökologischen Raubbau-Politik

1993
Perus autokratischem Präsidenten Alberto Fujimori gelingt ein entscheidender Schlag gegen die Guerillabewegung im Lande

1994
Moderates Wirtschaftswachstum und wachsende politische Stabilität

1995
Grenzkrieg zwischen Peru und Ecuador. Wiederwahl der Präsidenten Fujimori (Peru) und Menem (Argentinien)

Von den Anden bis zum Zucker

*Notizen über Karneval und Kaffee,
aber auch über Elend und Gewalt*

Amazonas

Als Francisco de Orellana Anno 1542 das hungernde Häuflein seiner Kameraden in den Anden zurückließ, konnte er nicht ahnen, daß er als erster Europäer den Strom von seinen Quellen bis zur Mündung befahren sollte. Die wilden Indianerinnen an seinen Ufern erinnerten ihn an die Amazonen aus der griechischen Sagenwelt. Das Amazonasgebiet hat eine Ausdehnung von rund vier Millionen Quadratkilometern, seine Flüsse bilden das größte Süßwasserreservoir, seine Wälder die größte biologische Datenbank und Klimamaschine der Erde.

Anden

Die 7500 km langen Anden sind das Rückgrat Südamerikas, der längste und im Schnitt höchste Gebirgszug der Erde dazu. Das junge Kettengebirge wurde erst in jüngster geologischer Zeit – dem Tertiär – durch die Kollision der Ostpazifischen mit der Südamerikanischen Platte aufgefal-

Keine Folklore, sondern harte Arbeit: Indiofrau beim Wollespinnen

tet. Aktive Vulkane – darunter die höchsten der Erde – und periodisch auftretende Erdbeben erinnern unsanft daran, daß die gewaltigen Platten nach wie vor in Bewegung sind.

Antarktis

Gemeinsam mit fünf weiteren Staaten begründen Argentinien und Chile ihre Territorialansprüche in der Antarktis damit, daß sie unmittelbare Nachbarn des südlichsten Kontinents sind. Sie unterhalten zahlreiche Stationen (mit Post, Zwergschule und Flugpiste) in der weißen Wüste. Die grandiose Eiswelt der Antarktis wird mehr und mehr zum touristischen Ziel. Kreuzfahrten in die Antarktis legen meist von Ushuaia (Argentinien) oder Punta Arenas (Chile) ab. Ausführlich informiert der MARCO POLO Führer »Antarktis«.

Caudillos

Autoritäre, oft militärische Herrscher, die aufgrund ihrer Anhängerschaft und manchmal auch ihrer Popularität über ein Land herrschen, als sei es ihr persönlicher Großgrundbesitz: eine typisch lateinamerikanische Form

Bei Puno am Titicaca-See: Startpunkt für Touren in die peruanischen Anden

personaler Herrschaft, die mit dem modernen Verfassungsstaat kollidiert.

Conquista

Eroberung der »Neuen Welt« durch die damaligen Großmächte Spanien und Portugal mit entsetzlichen Folgen. Die indianischen Hochkulturen werden von einer kleinen, goldgierigen Meute, den Conquistadores, zerstört, und infolge von Hunger, Krankheiten und Kriegen gehen rund zwei Drittel der Urbevölkerung zugrunde. Beginn der »Europäisierung« des Kontinents und seiner Christianisierung.

Eldorado

Die Suche nach dem Gold hatte das Mittelalter zur Massenhysterie getrieben. Die spanischen Haudegen hetzen jedem Gerücht hinterher: Gold! »El Dorado«, der goldene Häuptling der Muisca-Indianer an der Laguna de Guatavita. Aber je höher sie in die Berge, je tiefer sie in die schweigenden Wälder vordringen, desto mehr scheint sich El-

dorado zu verflüchtigen. Bis in das 19. Jahrhundert spukt Eldorado in den Köpfen der Abenteurer herum. Es war ein Phantom, das vor den Spaniern zu fliehen schien und sie gleichzeitig unaufhörlich rief.

Favela

Ein (ursprünglich afrikanisches) brasilianisches Wort für Slum. Im spanischen Sprachraum gibt es zahlreiche, oft beschönigende (z. B. *pueblos jóvenes* – junge Siedlungen) Wörter für solche *barrios*, in denen das Elend haust. Rund ein Drittel der städtischen Bevölkerung von Südamerika lebt in Favelas. Im Gegensatz zur materiellen Armut sind diese Siedlungen oft sozial hoch organisiert. Reisende sollten solche Viertel aber nur in Begleitung von dort bekannten Personen betreten.

Fernsehen

Das Fernsehen ist in Südamerika ein besonders einflußreiches Medium, das jeder Analphabet versteht. Brasiliens »Globo« gehört zu den größten TV-Konzernen

16

der Welt. Auch in den anderen Ländern ist das Fernsehen für die Politiker unentbehrlich. Besonders populär beim Publikum sind die nicht enden wollenden *telenovelas,* die vor Rührseligkeit nur so triefen.

Fußball

Der Lieblingssport der Südamerikaner. Schließlich sind Brasilien, Argentinien und Uruguay vielfache Weltmeister, worauf sie besonders stolz sind. Pelé und Maradona sind weltweite »Markennamen« des runden Leders. Vereine wie »Flamengo« oder »Boca Juniors« sind auch außerhalb der jeweiligen Landesgrenzen bekannt. Die übersteigerte Bedeutung, die dem Fußball in Südamerika bisweilen zugemessen wird, machte auf erschreckende Weise die Ermordung des kolumbianischen Nationalspielers Andrés Escobar deutlich – weil er bei der Weltmeisterschaft in den USA ein Eigentor geschossen hatte.

Gewalt

Die zunehmende Gewalt *(violencia)* ist ein ernstes Problem in den Millionenstädten ganz Südamerikas. Experten sprechen in diesem Zusammenhang schon von einem nicht erklärten, stillen Bürgerkrieg. Die Ursachen dafür liegen im allgemeinen Elend und im krassen Mißverhältnis von Arm und Reich. Hinzu kommt die Ohnmacht des Staates.

Goldgräber

Mehr als eine Million Goldgräber buddeln vorzugsweise in Amazonien nach Gold. Die Gier nach dem Edelmetall war ein entscheidendes Motiv für die Eroberung der Neuen Welt. Heute besteht das Heer der Goldsucher aus zerlumpten, unglückseligen Gestalten, die unter äußerst primitiven Umständen um das Überleben kämpfen. Die Goldgräberei verursacht erhebliche ökologische Schäden und bringt den Indianern im Dschungel Tod und Verderben. Sie betreibt Raubbau an ihren Lebensbedingungen, und die Goldgräber und -wäscher schleppen Krankheiten ein, gegen die die abgeschieden lebenden Menschen nicht immun sind. Die Regierungen lassen die Goldgräber trotz zahlreicher Proteste jedoch gewähren, um sich nicht ein weiteres soziales Problem aufzubürden.

Guerilla

Schon der Befreiungsheld Simón Bolívar war ein Guerillero: gegen die Kolonialmacht Spanien. Die autoritäre Herrschaftsform des »Caudillismus« produziert fortlaufend nicht weniger gewalttätige Gegenbewegung: die Guerilla. Guerillas sind immer »revolutionär«; während des Kalten Krieges schmückten sie sich mit roten Fahnen. Guerillakriege sind in allen Ländern Südamerikas immer wieder aufgeflammt.

Humboldt

Der deutsche Gelehrte Alexander von Humboldt (1769–1859) bereiste mit Genehmigung der Krone das spanische Kolonialreich. Die von der historischen Forschung vielfach gerühmten Berichte des »Zweiten Entdeckers« vermitteln ein Bild wirtschaftlicher und geistiger Blüte, aber auch soziale Gegensätze und Spannungen im kolonialen Hispanoamerika.

Indios

Heute ist die indianische Bevölkerung Amerikas mit insgesamt 40 Millionen vermutlich wieder so zahlreich wie zur Zeit von Kolumbus. Doch nur in den Andenstaaten Bolivien (mehr als die Hälfte), Peru (50 Prozent) und Ecuador (rund ein Drittel) stellen sie die größte Bevölkerungsgruppe. Wirtschaftlich sind die Indios nach wie vor an den Rand der Gesellschaft gedrängt. In Brasilien leben 240 000 Indianer unter 160 Millionen Bewohnern. Alle diese Kalkulationen sind unscharf. Wer ist »Indianer« oder »Indio«? Die südamerikanischen Gesellschaften zeichnen sich gerade durch ihre ethnische Vielfalt und Vermischung aus.

Daß der Kaffee frostempfindlich ist, wissen auch europäische Verbraucher seit den Julifrösten in Brasilien 1994

Kaffee

Die Kaffeebohne galt bis zur Jahrhundertwende als das Hauptausfuhrprodukt Brasiliens und ist auch heute noch in Kolumbien ein entscheidender Wirtschaftsfaktor. Der Kaffeestrauch ist eine frostempfindliche Pflanze, die den Boden schnell auslaugt. Bis der Kaffee in die Tasse kommt, muß ein delikater Prozeß der Trocknung, Schälung und Röstung durchlaufen werden. Dabei haben die großen Kaffeemultis das letzte Wort.

Kakao

Wie Kaffee und Tee wirken auch die Alkaloide im Kakao belebend auf das Nervensystem. Das wußten schon die Indianer. Als der Kakao nach Europa kam, geißelte die Kirche das lästerliche Getränk, das sich aber gerade in den Klöstern schnell ausbreitete. Belgische und schweizerische Manufakturen widmeten sich den Geheimnissen der Schokolade. Brasilien ist einer der größten Kakaoproduzenten.

Karneval

Karneval – ein kultureller Kosmos nicht nur Brasiliens. Der Karneval wird mehr oder weniger temperamentvoll in ganz Südamerika gefeiert. Gemeinsam ist die euroafrikanische Wurzel. Einerseits die höfischen Maskenbälle, andererseits die Sklavenfeste. Die Vitalität der afrikanischen Linie setzte sich mit den Rhythmen und bunten Phantasien durch. Karneval ist im Grund die Verherrlichung der Lebensfreude, ungestüm, sinnlich, orgiastisch.

Kautschuk

Die Zeiten des Booms sind vorbei, aber das prächtige Opernhaus in Manaus kündet noch von den wilden Zeiten, als Millionenvermögen mit der »Hevea brasiliensis« gemacht wurden. Als den

Engländern in Malaysia gelang, den Kautschukbaum in Plantagen anzubauen, brach der Markt in Brasilien und Peru zusammen. Vorbei war es mit Glanz und Gloria am Amazonas.

Koka/Kokain

Die Indios kauen Kokablätter, um den Hunger zu vertreiben; Kokatee hilft gegen die Höhenkrankheit *soroche.* Aber das chemisch reine, kristalline Kokain treibt sowohl die Drogenabhängigen wie die Andenländer in einen Teufelskreis der Armut und Abhängigkeit. 16 Milliarden Dollar sollen allein in Peru die Dealer pro Jahr erwirtschaften. Kokain ist neben Salpeter eines der wichtigsten Exportprodukte des Andenstaates, man schätzt seinen Wert so hoch ein wie 40 Prozent aller anderen, legalen Exportgüter. Bislang ist jeder Versuch fehlgeschlagen, den Kokaanbau zu verhindern.

Landreform

Über Landreformen spricht man schon seit einhundert Jahren – aber nichts passiert. Nach wie vor besitzen einige wenige, reiche Familien das beste Land, und Millionen Landloser und Elender müssen sehen, wo sie bleiben. Durch brutale Konflikte um das Land sterben in den südamerikanischen Ländern jedes Jahr mehrere hundert Menschen.

Lotterie

Die Südamerikaner sind Hasardeure. Sie setzen auf den schnellen, hohen Gewinn. Wenn sie dabei verlieren, macht es ihnen nichts aus: Morgen ist auch noch ein Tag. Fast jeder Brasilianer spielt in der »Tierlotterie« *(jogo do bicho),* die fest in den Händen der Halbwelt ruht. Offiziell ist dieses populäre Glücksspiel zwar verboten und nur das staatliche Toto erlaubt – aber wer traut schon dem Staat?

Militär

Seit den Befreiungskriegen spielt das Militär in allen südamerikanischen Staaten eine wichtige Rolle. Die Militärs empfinden sich als Gralshüter der Nation. Immer wieder haben sie sich offen in die Politik gemischt. Das Militär ist ein Staat im Staate und, neben der Kirche, die einzige Institution mit langer Tradition. Selbst in den zivilen Demokratien der Gegenwart läßt sich gegen die Militärs politisch nichts bewegen.

Musik

Rhythmus und Musikalität sind Grundelemente der südamerikanischen Kulturen, wie sie in dieser Bedeutung in Europa nie vorhanden waren. Indianische, afrikanische und europäische Traditionen fließen zusammen und bilden jeweils unterschiedliche Formen. In den Andenstaaten ist der Einfluß indianischer Musik naturgemäß am größten. In Kolumbien und Venezuela überwiegen karibische Rhythmen wie Salsa und Merengue. Brasilien ist für seinen Samba berühmt, und in Argentinien tanzt man nach wie vor den Tango, eine Musik, die aus den Hafenspelunken kam.

Plaza

Die Plaza (portugiesisch: »Praça«) ist der Mittelpunkt jeder südamerikanischen Stadt, soweit ihre Gründung auf die koloniale Besiedelung zurückgeht. Die Spanier und Portugiesen legten ihre Städte streng nach dem Schachbrettmuster an. Die Plaza ist der Salon einer jeden Stadt; hier trifft man sich zum Plausch und auch zum Handel. Rings um die Plaza befinden sich die wichtigsten Gebäude einer jeden Stadt.

Rassismus

In allen Ländern Südamerikas herrscht offener oder versteckter Rassismus, der von der kleinen, blasierten Oberschicht ausgeht, die stolz auf ihre europäische Herkunft ist, selbst wenn sie sich mit Inkanamen schmückt und in ihren Adern auch indianisches oder afrikanisches Blut fließt. Je heller die Hautfarbe, desto höher der soziale Status – diese Regel gilt von Panama bis Feuerland. In Brasilien ist der Rassismus subtiler als in den spanischsprachigen Staaten.

Regenwald

Früher nannte man den tropischen Regenwald »grüne Hölle«. Dann bezeichnete man ihn als »Lunge der Erde«. Falsch ist beides – aber richtig ist, daß der Regenwald für das Leben auf der Erde eine ungeheure Bedeutung zum Beispiel als Klimamaschine und Genbank hat: Man schätzt, daß über die Hälfte aller Tier- und Pflanzenarten der Erde im Regenwald beheimatet sind. Durch Landspekulation, Holzfäl-

Solche Strände gibt es an Brasiliens Atlantikküste auf 7400 km Länge

lerei und Viehwirtschaft wurden in den letzten Jahren mehr als 15 Prozent des amazonischen Regenwaldes zerstört. Internationale Proteste und Projekte führten zu einer Trendwende.

Religion

Südamerika ist die größte christlich-katholische Region der Erde. Die Frömmigkeit ist im Volke tief verankert. Viele südamerikanische Bischöfe sind selbstbewußt, aber der Vatikan kann sich damit nur schwer abfinden. In Brasilien und Peru wurde die »Theologie der Befreiung« entwickelt, die Zuwendung der Kirche zu den Armen. Trotzdem bekennen sich immer mehr Südamerikaner zu protestantischen Sekten oder – vornehmlich in Brasilien – religiösen Afro-Kulten.

Sprache

»Was Deutsche und Österreicher trennt, ist die gemeinsame Sprache«, soll Karl Kraus gesagt haben; das trifft auch auf Südamerika zu, das mit Ausnahme von den drei Guyanas und Brasilien Spanisch spricht. Aber zwischen dem Spanisch eines Kolumbianers und dem eines Argentiniers können Abgründe klaffen. Nicht zu vergessen: In den Andenstaaten spricht die Landbevölkerung nach wie vor die Indiosprachen Quechua und Aymara. Und in Paraguay ist die Indiosprache Guaraní sogar offiziell zweite Staatssprache.

Strände

Die gesamte Pazifikküste ist steil und steinig. Der kalte Humboldtstrom sorgt zwar für planktonreiches Fischwasser, aber auch für Nebel. Die besseren Badestrände liegen auf der atlantischen Seite. Brasilien bietet mit 7400 Kilometer tropischen Sandstränden einen bislang wenig entdeckten Superlativ an Badevergnügen.

Zeitungen

Wer liest in Lateinamerika überhaupt Zeitungen? Gedruckte Periodika erreichen nur die oberen Zehntausend. Zeitungen in Lateinamerika drucken nicht das »Gespräch der Gesellschaft«, sondern den Tratsch der Eliten. Die Klatschkolumne ist das Herz der lateinamerikanischen Zeitung. Hier kann sich die Eitelkeit der Elite nach Lust und Laune austoben. Seitenlang und mit vielen Großfotos berichten die Gazetten von gesellschaftlichen Ereignissen wie Geburtstagsfeiern, Schönheitskonkurrenzen, Debütantenbällen und Vermählungen derer, die dazugehören.

Zucker

Das Zuckerrohr kam ursprünglich aus Arabien, fand den Weg auf die portugiesische Insel Madeira und von dort auf das südamerikanische Festland. Besonders die Holländer engagierten sich mit dem Anbau des Zuckerrohrs auf Sklavenplantagen. Wegen der kostbaren Süßigkeit wurde ein regelrechter Völkermord an afrikanischen Sklaven betrieben, die die unmenschlichen Arbeitsbedingungen auf den Plantagen nicht überlebten. Die Herstellung des Zuckers aus dem Rohr bedarf relativ hoher Investitionen für Mühle, Raffinerie und Maschinenpark. Als die Europäer dazu übergingen, Zucker aus Rüben zu gewinnen, ging es mit den Zuckerbaronen in Südamerika bergab.

Fruchtige Säfte und saftiges Fleisch

In Südamerikas Küche mischen sich Einflüsse
aus allen Kontinenten

Karibischer Norden

An der karibischen Küste herrscht kreolische Küche vor; nicht immer hält die Bezeichnung das, was sie als exotischen Genuß verspricht, denn die kreolische Küche ist ursprünglich die der Sklaven gewesen, die sich mit den Abfällen begnügen mußten. Scharf gewürzte Fischsuppen und Meeresfrüchte in vielfältiger Variation gehören heute dazu, ebenso Reis und Maniok. In Suriname und Guyane haben natürlich Holländer und Franzosen kulinarische Spuren hinterlassen: In Paramaribo bekommt man eine opulente javanische Reistafel und in Cayenne »steak au poivre« mit einem trockenen Chablis dazu.

Landeinwärts beginnt in Venezuela wie in Kolumbien das Reich der *arepas, tamales* und *empanadas,* der Maismehltaschen, die mit Hackfleisch und Gemüse gefüllt sind – die südamerikanische Antwort auf die mexikanischen *tacos.* Die Gerichte im Hin-

Wahnsinnig gut: Rindfleisch –
aus Argentinien und direkt am
Holzkohlenfeuer gegrillt

terland sind einfach, nahrhaft und ziemlich fad. Den venezolanischen *sancocho* sollte man durchaus probieren: ein Gemüseeintopf mit Fisch oder Fleisch und Maniokmehl. Eine kolumbianische Entsprechung wäre *locro de choclos,* Eintopf auf Mais- oder Kartoffelbasis. *Lechón* ist ein Spanferkel, die durchgebratene Schweineschwarte – *chicharrón* – wird fast überall zum Bier geknabbert.

Andenländer

Der Mais wurde von den Inka als heilige Pflanze verehrt; alle präkolumbischen Hochkulturen waren Maiskulturen. Hinzu kam die Kartoffel; die alten Inka entwickelten das Prinzip der Gefriertrocknung zur Konservierung von Nahrungsmitteln lange vor den Europäern. Allerdings kannten sie keine großen tierischen Eiweißlieferanten: Truthahn, Hund und Meerschweinchen mußten dafür herhalten. Im Altiplano von Peru, Bolivien und Ecuador ist *cuy,* Meerschweinchen, gebraten und gekocht, durchaus auch in Restaurants zu haben. Ansonsten sind mit *tamales, empanadas,* dicken Maissuppen und anderen *caldos* nicht gerade kulinarische Gipfel zu ersteigen.

In Peru kommt mit *chifa,* angepaßter China-Küche, ein wenig Abwechslung in die Speisekarte. *Ceviche* erinnert an japanische Meeresrohkost; nur werden hier die rohen Meeresfrüchte mit scharfem Limonensaft serviert: eine Köstlichkeit, wenn nicht die Cholera drohte. Deshalb nur zum Genuß in den besten Restaurants zu empfehlen. Unbedingt und gefahrlos zu probieren ist, als Aperitif oder Magenschließer, der *pisco sour,* ein Cocktail auf der Basis von Traubenschnaps, der eiskalt gereicht wird.

Brasilien

Entlang der Landstraßen finden sich unzählige *churrascarias,* die saftiges Rindfleisch ohne Hormone (dafür gelegentlich zäh) brutzelnd frisch vom Grill servieren. Die Ober bringen die Braten in großen Spießen ununterbrochen an die Tische und schneiden die gewünschten Portionen ab. Schulter, Nacken, Lende, auch Hühnerkeulen und Schweinesteaks gehören dazu. Am Salatbuffet bedient man sich nach Belieben. Eine solche Mahlzeit hält für den ganzen Tag vor. Als Schwerstarbeiter-Essen muß man auch die *feijoada* bezeichnen, die vorzugsweise an Sonnabenden serviert wird. Ein deftiges Essen, das früher den Sklaven gereicht wurde und das nun als nationales Gericht auch in die besten Restaurants Eingang gefunden hat. Schwarze Bohnen, Schweinepfoten und -ohren, Bratwurstscheiben, Rindfleischstücke, Orangen, Reis und gedämpfter, fein geschnittener Kohl. Ohne Zuckerrohrschnaps und viel Bier bringt man die Kalorienbombe

Der afrikanische Charakter von Salvador zeigt sich besonders in der bahianischen Küche

kaum herunter. *Churrasco* und *feijoada* – die beiden im ganzen Land verbreiteten Gerichte lassen schon ahnen, daß im tropischen Brasilien leichte Salate und klimagerechte Schonkost eher Mangelware sind. Anders liegen die Dinge beim Frühstück: überall reichhaltige Buffets mit frischen Früchten, Brötchen und Kaffee, was einmalig in Südamerika ist.

Eine besondere Stellung aber nimmt die afrikanische Küche von Bahia ein. Die Hauptgerichte der bahianischen Küste sind der *carurú,* der *vatapá,* der *efó,* der *acarajé* und die *moqueca.* Letztere ist ein Sud aus Fisch, Krabben und Gemüse, gewürzt mit Pfeffer, dem rötlichen Palmöl *(dendê)* und Kokosmilch. Die Kokosnuß spielt als Rohstoff bei den Dutzend süßen Köstlichkeiten der bahianischen Desserts eine besondere Rolle. *Cocadas* (Kokosraspeln) in vielen Variationen und süße, kleine Puddings gehören als Nachtisch zu den scharfen Hauptgerichten.

Brasilien ist das Paradies der Fruchtsäfte. In fast jeder Stadt finden Sie einen Saftladen, der mehr als ein Dutzend unbekannter tropischer Früchte in den Becher mixt. Mit Milch zusammen wird aus dem *suco* eine *vitamina*. Auf breiter tropischer Fruchtbasis beruhen auch die köstlichen Speiseeise und die mit Zuckerrohrschnaps angereicherten *batidas*. Die alkoholische Krone aber gebührt der *caipirinha*, die zu jeder Gelegenheit getrunken werden kann: Einige Limonen werden zerschnitten und zerstampft, ein bis drei Löffel Zucker darüber, eine kräftige Dosis Zuckerrohrschnaps *(cachaça)*, Eiswürfel, fertig. Als Gegenmittel empfehlen wir den brennend heißen, süßen *cafezinho*, die brasilianische Variante des Espresso.

La-Plata-Staaten

Das Frühstück in diesen drei Ländern erschöpft sich in Kaffee mit Keksen oder Hörnchen *(medialuna)*. Aber zu den übrigen Mahlzeiten werden dann Fleischberge aufgetischt. *Bife de chorizo* ist ein riesiges Rumpsteak, *lomo* ein Filet, *asado de tira* sind Rippenstücke, *chorizo* eine würzige Grill-, *morcilla* eine Blutwurst. In den *parrilladas* bekommt man mächtige Grillplatten aufgetischt, die alle Fleischsorten und auch Innereien umfassen. Beliebteste Fleischbeilagen sind natürlich die *papas fritas* und eine *ensalada mixta* aus Tomaten, Zwiebeln und Blattsalat. Je weiter man nach Süden kommt, um so mehr löst gegrillter Hammel das Rindersteak ab. *Asado fueguino* sollte man sich nicht entgehen lassen:

Direkt vom Buchenholzfeuer kommt das leckere Grillfleisch der Schafe, die in freier Natur weiden.

Die italienische Küche hat in Argentinien eine lange Tradition, so daß nicht immer nur Fleisch, sondern auch Pasta die Speisekarte bereichern. In allen Küstenregionen, besonders aber in Feuerland, liefert darüber hinaus das Meer frische Zutaten. Die preiswerten Rotweine Argentiniens sind ganz hervorragend und seien zu den Fleischgerichten wärmstens empfohlen. Frische Fruchtsäfte sucht man dagegen meistens vergeblich.

Chile

Chile ist nach Norwegen der größte Exporteur für Lachse. Der wandernde Speisefisch wurde erst vor wenigen Jahrzehnten in der südchilenischen Fjordlandschaft angesiedelt. Auch sonst ist Chile berühmt für seine maritime Küche: Spezialitäten sind neben frischen Austern *(ostras)* und riesigen Königskrabben *(centollas)* der *loco*, eine gigantische Jakobsmuschel mit festem, weißem Fleisch, und *colgas* und *choros*, Muscheln, die in Knoblauchsud gekocht werden. Zur Einstimmung trinkt man *pisco sour*, einen erfrischenden Cocktail aus Traubenschnaps, Zitronen, Glukose, Eiweiß und einem Tropfen Angostura. Die leichten chilenischen Weißweine, die manche europäische Gewächse in den Schatten stellen, gehören natürlich dazu. Zum Nachtisch kommt die Überraschung in Form von Apfelstrudel oder Schokoladentorte, ganz wie daheim – der Einfluß deutscher Kolonisten läßt sich schmecken.

Silber, Gold und Edelsteine

Doch auch aus Kürbissen und Kokosnüssen schaffen die Südamerikaner mitunter kleine Kunstwerke

Je ärmer die Länder, um so reicher die Volkskunst – diese Regel trifft auch auf die südamerikanischen Länder zu. Allerdings ist nicht alles Gold, was glänzt. Längst haben Chemiefarben und synthetische Fasern Einzug in die Kooperativen des Handwerks gehalten. Wer authentische Stücke erwerben will, braucht Geduld und Kennerschaft. Vor allem sollte man aber Freude am Handeln mitbringen.

Karibischer Norden

Venezuela ist reich an Edelsteinen; zahlreiche Läden bieten Achate, Amethyste, Turmaline und Smaragde an. Ledertaschen, -jacken und -koffer sind in Kolumbien besonders preiswert; nicht selten haben Taschen oder Jacken gleich ein eingebautes Pistolenhalfter. Schön und günstig sind in Kolumbien Silber- und natürlich Goldschmuck. In den staatlichen Läden »Artesanías de Colombia« findet man das ganze Spektrum der kolumbianischen

Volkskunst. Besonders attraktiv: Töpferei und Korbwaren *(canastos de güeguerre)* der Indianer oder eine typische Handtasche aus Antioquia *(carriel antioqueño)*; in Cartagena kann man hübsche kleine Figuren aus Rohgummi kaufen. Kolumbianische Ponchos *(ruanas)* sind für die Kälte in großer Höhe gerade das richtige.

Andenländer

Ecuador gilt als Geheimtip für Volkskunst aus den Anden. Nirgendwo ist das Angebot so reichhaltig wie in den Läden rings um die Avenida Amazonas von Quito. Balsaholz-Papageien und -Masken gehören eher zum Standardrepertoire, hübsch sind auch die Holzschlangen und die Miniaturschnitzereien aus Kokosnüssen. Panamahüte kommen nicht aus dem gleichnamigen Land, sondern aus Montecristi an der Pazifikküste von Ecuador; sie werden eingerollt in leicht transportablen Balsaholz-Schachteln verkauft. Der Wochenend-Indiomarkt von Otavalo (Ponchos, Pullover etc. aus Lama- und Alpakawolle) gilt als der bunteste im gesamten Andenraum. Perus Reichtum beruhte auf den Silber-

Noch weitgehend unbekannt ist die Volkskunst Brasiliens – hier auf dem Markt in Manaus

Im kühlen Süden Chiles nützlich: Webarbeiten der Mapuche-Indianer

minen des heute bolivianischen Potosí; indianischer Silberschmuck entspricht der alten Tradition. Webarbeiten, Wollsachen und Lederartikel vervollständigen das Angebot. Eine Spezialität aus Peru sind auch die mit reichen Ornamenten verzierten Kalebassen. Pullover, Ponchos *(mantas)* und Mützen *(chullos)* aus Lama- und Alpakawolle werden auf den Indiomärkten Boliviens in tausend Variationen angeboten. Der La-Cancha-Markt in Cochabamba sei hier besonders empfohlen. Schöne Souvenirs aus Bolivien sind auch Gold- und Silberschmuck und indianische Musikinstrumente wie die Quena-Flöte. Die Charango-Mandolinen aus dem Panzer von Gür-

teltieren sollten umweltbewußte Touristen wegen des Artenschutzes jedoch nicht erwerben.

Brasilien

Für alle indianischen Arbeiten empfehlen sich die Läden der staatlichen Indianerorganisation »Funai«. Zu festen Preisen findet man dort eine reiche Auswahl von Federschmuck und Ketten, Körben und Kalebassen. Auf jedem Artikel ist die Stammesherkunft vermerkt. Brasilien liefert Edel- und Halbedelsteine in die ganze Welt. Bevor man sich zum Kauf entschließt, sollte man sich sehr gewissenhaft kundig machen. Dem Straßenhändler mit dem garantiert echten Diamanten in der Faust ist besser nicht zu trauen. Jede Region Brasiliens hat ihr besonderes Kunsthandwerk. Ob es sich um naive Malerei handelt, phantasievolles Blechspielzeug aus alten Konserven, Lehmfiguren, Klöppelarbeiten der Landfrauen aus dem Nordosten, Holzdrucke, Musikinstrumente, Muschelschmuck, Hängematten oder Ledertaschen – die Kreativität der Künstler aus dem Volk ist immer wieder erstaunlich. Brasilianische Volkskunst ist in Europa noch so gut wie unbekannt.

La-Plata-Staaten

Die Ñandutí, die sogenannten »Spinnweb-Spitzen« der Itauguá-Indianerfrauen, sind eine Spezialität aus Paraguay. Reiches Angebot auf der großen Kirmes von Caacupé, wo man auch die typischen paraguayischen Harfen erstehen kann. In Montevideo, Uruguay, locken vornehme Pullover und Schals aus Schafwolle zum Kauf. In Argentinien wetteifert das kreolische Kunsthandwerk mit den farbenfrohen Arbeiten der Indianerstämme. In Salta, Jujuy und um Buenos Aires verarbeiten die Nachfahren der Spanier in alter Tradition das Silber zu kostbaren Messern, Gürtelschnallen und Trinkgefäßen. Lederjacken gehören zum Standardangebot für Touristen, die leichten Sättel und das Zaumzeug, die Steigbügel aus Holz und die Reitergerten aus geflochtenen Lederstreifen sind Verlockungen für Pferdeliebhaber. Matetee *(yerba)* mit den Trinkgefäßen aus Kalebassen und dem dazugehörigen Metallsaugröhrchen *(bombilla)* gibt es nirgends in größerer Auswahl und Qualität als in Argentinien.

Chile

Kupferwaren und Lapislazuli-Edelsteine sind typisch für den Norden. Im Viertel Bellavista von Santiago finden sich zahlreiche Geschäfte, die ein entsprechendes Angebot haben. Aus dem Süden kommen Wollsachen, Holzschnitzereien und Lederwaren, außerdem Ponchos und Webwaren der Mapuche-Indianer. Sehr schön sind auch Kopien der Töpferei der »Diaguita«-Indianerkultur (14. Jh.) mit ihren abstrakten, braunschwarz-weißen Mustern. Für den Musikliebhaber sind Kassetten der schwermütigen Volksmusik aus Chiloé etwas Besonderes. In Santiagos Stadtteil Bellavista finden sich zahlreiche Antiquitätenhändler und außerdem Antiquariate für Bücherwürmer.

Kolumbianischer Kaviar

Im Supermarkt wird man lange nach ihnen suchen müssen, aber in zwei, drei Läden der Altstadt von Bogotá werden sie zur Weihnachtszeit als Delikatessen angeboten: die gerösteten Ameisen aus der Provinz Santander, ein knappes Pfund zu umgerechnet etwa zwanzig Dollar. Die *hormigas* gelten als der Kaviar Kolumbiens. Sie gehören seit Jahrhunderten zum Speiseplan der Indios und Mestizen, und inzwischen werden die beerengroßen, gerösteten Ameisen bis nach Japan exportiert.

Versenkung und Ekstase

Südamerikas Volksfeste leben vom Rhythmus und Mythos alter Traditionen

Das ganze Jahr hindurch wird in Südamerika gefeiert – aus Freude und aus Frömmigkeit. Jeder Ort hat seinen eigenen Festtagskalender der Patronatsfeste und Prozessionen, der Sängerwettstreite und Debütantenbälle. In der Andenregion werden die katholischen Feiern mit Mysterienspielen aus der Inkazeit durchmischt, in Brasilien mit denen der Afro-Kulte. König Karneval regiert von der karibischen Küste bis zum Río de la Plata; in den Andenländern wird während der närrischen Tage der Fremde zum Ziel von Wasserbeutel-Attacken. In der *Semana Santa,* der Osterwoche, ist der Höhepunkt sakraler Feste erreicht – und die Hotels sind ausgebucht.

KARIBISCHER NORDEN

Januar/Februar
Bogotá: Beginn der *Stierkampfsaison* in der großen Arena Plaza Santamaría mit ☀ *corridas* an jedem Wochenende.

Das ist er: Karneval in Rio

Februar
Am 2. Februar ziehen die Bewohner von *Cartagena* in Kolumbien in einer großen *Prozession* auf den 🌺 Hügel La Popa zum Kloster Santa Cruz, um der Schutzpatronin zu huldigen.

Am 23. Februar feiert *Guyana* eine Woche lang den *Republic Day;* zeitgleich begehen die Hindus das *Mashramani-Fest* – auch das gibt es in Südamerika.

☀ *Karneval* in *Barranquilla/*Kolumbien. Zweitgrößter Karneval in Südamerika, wilder und gefährlicher als der von Rio.

In *Cayenne* (Französisch-Guyana) findet der ausgelassene karibische *Karneval* seinen Höhepunkt am »Lundi Gras« (Rosenmontag) mit Verkleidungsorgien und witzigem Rollentausch der Geschlechter.

März
★ *Karibisches Musikfestival* im kolumbianischen *Cartagena* am 2. März: Gruppen aus der ganzen Karibik zeigen ihr Bestes.

Juni
☀ An Fronleichnam (Corpus Cristi) *Straßentanz der diablos* (Teufel) und großes Musikfesti-

val in *San Francisco de Yare* (Miranda-Provinz in Venezuela).

August
Vom 1. bis 9. August *Blumenfest* im kolumbianischen *Medellín*. Die ganze Stadt versinkt in einem Blütenmeer.

November
Vom 11. bis 14. November feiert *Cartagena* das Fest der Unabhängigkeit Kolumbiens. Wildes ✪ *Maskenfest* auf den Straßen zu heißer Merengue-Musik.

ANDENLÄNDER

Februar
★ Karneval *Diablada* im bolivianischen *Oruro*. Kaum bekannter, ganz großer Karneval, sicher auch der ursprünglichste von allen, stark geprägt von indianischen Mysterienspielen und Maskeraden.

Fiesta de la Virgen de la Candelaria vom 1. bis 8. Februar in *Puno* am Titicaca-See. Eine Woche lang Umzüge der Musikgruppen aus den umliegenden Indiodörfern – und ein großes Massenbesäufnis.

Ostern
✪ *Semana Santa* in *Ayacucho* (Peru) mit Kerzenprozessionen, Blumenmosaiken auf dem Pflaster, Reiterspielen und Musikwettbewerben; *Karfreitagsprozession* in *Copacabana* (Bolivien) am Titicaca-See.

Mai/Juni
★ *Fiesta del Señor del Gran Poder* in *La Paz:* Aus allen Andendörfern kommen *comparsas,* Tanz- und Maskengruppen, und ver-

MARCO POLO TIPS FÜR FESTE

1 Karneval in Rio
Die verrückteste und größte Party der Welt (Seite 33)

2 Karibisches Musikfestival
Am 2. März in der kolumbianischen Hafenstadt Cartagena (Seite 31)

3 Ostern in Ouro Preto
In der barocken brasilianischen Goldstadt wird während der ganzen Karwoche gefeiert (Seite 33)

4 Fiesta del Señor del Gran Poder
In La Paz im Frühsommer der Hexentanz unzähliger indianischer Folkloregruppen (Seite 32)

5 Diablada in Oruro
Der Karneval in der bolivianischen Indiostadt ist ein großartiges indianisches Mysterienspiel (Seite 32)

6 Mariä Empfängnis in Caacupé
Am 8. Dezember Kirchspiel und volkstümliche Kirmes in der paraguayischen Stadt (Seite 34)

7 Heiligabend in Cuenca
Pasada del Niño Viajero, eine Weihnachtsprozession mit geschmückten Eseln und Pferden durch die alte ecuadorianische Stadt (Seite 33)

wandeln die Stadt in einen turbulenten Hexenkessel.

Juli

Am 28. Juli feiert Peru seine Unabhängigkeit mit einem großen *Feuerwerk und Musikdarbietungen* auf der Plaza de Armas von *Lima.*

Dezember

★ Am Morgen des 24. Dezember in *Cuenca* (Ecuador) die *Pasada del Niño Viajero:* Esel, Maultiere und Pferde werden mit Geld und Geschenken geschmückt und durch die Gassen getrieben, zugleich wird ein Stroh-Judas verbrannt; die ganze Stadt ist auf den Beinen.

BRASILIEN

Kein anderes Volk der Erde ist dem Glück des Augenblicks so zugewandt wie das brasilianische. Die Fähigkeit, die triste Vergangenheit und die düstere Zukunft zu vergessen und der Gegenwart das Beste abzugewinnen, ist das Geheimnis der brasilianischen Seele.

Januar

◉ *Schiffsprozession* zur Kirche Boa Viagem in *Salvador da Bahia* an Neujahr: Eine buntgeschmückte Flotte legt beim Mercado Modelo ab und treibt zur Kirche Boa Viagem, um der Patronin der Fischer und der Reisenden zu huldigen.

Februar

◉ *Fest der Meeresgöttin Jemanyá* am 2. Februar: Die Anhänger der Afro-Kulte ziehen im Festtagsstaat zu den Stränden, insbesondere von *Bahia* und *Rio,* um der

Meeresgöttin und dem Symbol der Fruchtbarkeit Jemanyá zu opfern.

Im brasilianischen *Karneval* explodiert die Lebensfreude auf exhibitionistische Art. Der Karneval hat zugleich seine eigenen Regeln – und die sind von Stadt zu Stadt verschieden. In *Belém* und *Recife* hopst das Volk auf den Straßen zum Rhythmus des Frevo, einer schrägen karibischen Musik. In den Gassen von *Olinda,* der älteren Schwester Recifes, hat der Karneval auf dem buckligen Pflaster einen fast intimen, nachbarschaftlichen Charakter. *Salvador da Bahias* Straßenkarneval besteht aus einer drei Tage und vier Nächte dauernden Fete, die weltweit ihresgleichen sucht. Der ★ Karneval von *Rio de Janeiro* hat die Straße verlassen und sich in die vornehmen Clubs verkrochen; nun defiliert er in der größten, buntesten, aufregendsten Show der Welt durch das »Sambodrom«. Die Eintrittspreise dafür sind gesalzen, aber sie lohnen sich. Unten, vor den Tribünen, tanzt das Volk der Favelas, in dieser einen Nacht das reichste Volk der Welt.

Ostern

Die Menschen im Bergland von *Minas Gerais,* besonders in ★ Ouro Preto, zelebrieren die ◉ *Semana Santa* besonders ausgiebig. Man schmückt das Pflaster der steilen Gassen mit Blumengirlanden oder Farbteppichen aus Sand. Vor den Kirchen wird die biblische Leidensgeschichte von Laiendarstellern aufgeführt.

Juni

◉ *Bumba meu boi* – ein ländliches Fest aus dem *Nordosten* am

23. Juni. Der *boi,* der Pappmachéochse, kämpft gegen das ganze »Gesinde« und die tumben »weißen Herren« einschließlich des Herrn Doktor, des Herrn Oberst und des Pfaffen. Ein herrlicher, volkstümlicher Schabernack, der natürlich gehörig gefeiert werden will.

Oktober

Aus ganz Brasilien strömt das Volk zum ✝ *Oktoberfest* nach *Blumenau,* um einmal »teutonisch« zu feiern. Samba mit Blaskapelle, eine eigenwillige Mischung.

◆ *Círio de Nazaré*, ein Fest der Volksfrömmigkeit am zweiten Oktobersonntag in *Belém.* Abertausend Sünder ziehen an einem Tau zur Kirche, um Gelübde abzulegen und sich selber zu kasteien.

Dezember

✝ *Silvester* in *Rio* an der Copacabana: eine Massenorgie, wie sie nur diese Stadt feiern kann.

LA-PLATA-STAATEN

In Buenos Aires sind die Traditionen längst vom Angebot der urbanen Kultur verdrängt worden. Aber in der Provinz feiert man noch, wenn im Herbst die Pferde zugeritten, die ersten Weinproben genossen werden oder im Frühjahr die Schafschur beginnt. Einen ernsten Charakter haben die religiösen Feste und Prozessionen, die im Nordwesten teilweise von alten indianischen Riten überlagert sind.

Januar

Vom 18. bis 26. Januar findet in *Cosquín* bei Córdoba das wichtigste Folklorefestival Argentiniens statt, die ◆ *Fiesta Nacional del Folklore,* zu dem die prominentesten Künstler eingeladen sind.

April

◆ Die Osterwoche wird in *Mendoza/*Argentinien traditionell mit *Kirchenchören* und *Prozessionen* begangen; in *Uruguay* ist die *Semana Santa* zugleich die *semana criolla,* sie wird mit Rodeos und Churrascos gebührend gefeiert.

Mai

◆ Am 8. Mai wird die Schutzpatronin Argentiniens im Wallfahrtsort *Luján* mit einem *religiösen Staatsakt* geehrt.

Juni

✝ Am 21. Juni wird im argentinischen *Ushuaia* die längste Nacht des Jahres turbulent mit Musik und Tanz gefeiert; in der Nacht eine *Lichterprozession der Skiläufer.*

Juli

Concurso de la Empanada Salteña heißt ein Koch- und Backwettbewerb in der argentinischen Wüstenstadt *Salta,* bei dem die Gäste die besten Fleischtaschen probieren und prämieren.

August

◆ Am 1. August wird die indianische Erdmutter Pachamama besonders geehrt. Mit *rituellen Tänzen und Opfergaben* soll sie freundlich gestimmt werden – in allen Orten des *argentinischen Nordwestens.*

Dezember

★ Am 8. Dezember, dem katholischen Festtag Mariä Empfängnis, strömen zigtausend fromme Pil-

Tanzgruppen der Indios treten bei vielen bolivianischen Festen auf

ger in das paraguayische Nest *Caacupé* (50 km östlich von Asunción), um der wundertätigen Mutter Gottes zu huldigen. Aber auch ganz irdisch-weltlich geht es zu: der größte *Markt und Rummel* von Paraguay (Flaschentänze), selbst aus den Nachbarländern kommen die Besucher in Scharen.

CHILE

Februar

Zweite Februarwoche: *Kulturfestival der Mapuche-Indianer* in *Villarrica,* nördlich von Puerto Montt, eine Woche später *Semana Valdiviana* mit Folklore-Shows in *Valdivia.*

Ostern

◈ *Semana Santa* auf *Chiloé.* Umzüge der Musikgruppen mit ihrer charakteristischen getragenen Musik, die wenig mit Latino-Rhythmen gemein hat.

Juli

◈ *La Fiesta de Tirana* in *Pica,* einem Dorf 70 km östlich von Iquique, mit Pilgerzug zur Virgen del Carmen. Tag und Nacht Ball von über einhundert indianischen Tanzgruppen.

November

Santiago: Am Ufer des Río Mapocho zwei Wochen großer *Trödelmarkt* mit Laienaufführungen.

Disneyland der Kontinente und Kulturen

Erdbeertorte im »Muhstall«, ein Inlandsgespräch nach Paris und holsteinische Kühe

Beginnen wir mit unserer Reise durch Südamerika dort, wo Kolumbus auf seiner dritten Reise 1498 zum ersten Mal das südamerikanische Festland erblickte, wo 1799 auch Alexander von

In den Altstadtgassen von Cartagena, der »Perle der Karibik«

Humboldt seine wissenschaftlich bedeutende »Reise in die Äquinoktial-Gegenden des neuen Kontinents« begann und wo wenige Jahre später die Befreiung Südamerikas von der spanisch-portugiesischen Kolonialherrschaft durch den Venezolaner Simón Bolívar ihren Ausgang nahm: im karibischen Norden des Kontinents.

Hotel- und Restaurantpreise

Hotels
Kategorie 1: über 90 Mark
Kategorie 2: 40 bis 90 Mark
Kategorie 3: bis 40 Mark

Die Preise gelten für eine Person im Einzel- oder Doppelzimmer pro Nacht. Das Frühstück – bitte keine mitteleuropäischen Maßstäbe anlegen – ist in einigen Ländern im Preis inbegriffen.

Restaurants
Kategorie 1: über 60 Mark
Kategorie 2: 30 bis 60 Mark
Kategorie 3: bis 30 Mark

Die Preise gelten für ein Menü mit drei Gängen einschließlich Getränken und Bedienung. Telefonnummern sind nur angegeben, wenn eine Reservierung von Vorteil ist.

Wichtige Abkürzungen

Av.	Avenida	**P.**	Plaza/ Praça/ Place
C.	Calle	**R.**	Rua/ Rue

MARCO POLO TIPS FÜR DEN KARIBISCHEN NORDEN

1 Goldmuseum
Das Museo del Oro von Bogotá: eine Schatztruhe der präkolumbischen Kultur (Seite 42)

2 Cartagena
Keine andere karibische Stadt kann sich mit ihr an Schönheit und Geschichte messen (Seite 48)

3 Isla Margarita
Vor der Küste Venezuelas die richtige Mischung von Komfort und unberührter Natur (Seite 46)

4 Angel Falls
Ein Trip zu den Wasserfällen mitten im tropischen Dschungel gehört zu den unvergeßlichen Erlebnissen einer Venezuela-Reise (Seite 46)

5 Teufelsinsel
Schaurig-schöner Tagesausflug mit dem Schiff auf den Spuren von »Papillon« zur ehemaligen Gefangenenkolonie vor der Küste von Französisch-Guyana (Seite 51)

Das Licht der Welt erblickte der »südamerikanische Napoleon« Bolívar in Caracas. Kaiser Karl V. hatte Anno 1529 dem Augsburger Bankhaus der Welser Venezuela (»Klein Venedig«) überlassen. Der deutsche Abenteurer Niclas Federmann stieß ins Landesinnere vor und suchte vergeblich nach dem legendären Eldorado. Die Gier nach Gold trieb auch die spanischen Eroberer an, und so wurde Venezuela Teil von Neu-Granada. Bolívar und seinen Mitstreitern gelang es zwar am Anfang des 19. Jhs., das spanische Joch abzuschütteln, aber an der Aufgabe, die zahlreichen neu entstehenden Staaten zu einen, ist er zerbrochen. »Südamerika zu regieren ist wie den Ozean zu pflügen«, soll er geseufzt haben. Sein Traum von »Gran Colombia« zerbrach an der Gutshofpolitik seiner Kampfgefährten. So haben wir es heute im Norden Südamerikas mit vier selbständigen Staaten (Kolumbien, Venezuela, Guyana, Suriname) und einem französischen Überseedepartement (Guyane Française) zu tun.

Die Gewalt der Befreiungskriege sollte für Kolumbien bestimmend bleiben. Krieger, Caudillos, Generale bevölkern die Ahnengalerien und die Denkmalssockel, und Lynchjustiz und Blutrache ziehen sich wie ein roter Faden durch Kolumbiens Geschichte. Der »1000-Tage-Krieg« der »Liberalen« gegen »Nationalisten« im 19. Jh. und die *violencia,* das Gemetzel »liberaler« und »konservativer« Clans um die Macht in den fünfziger Jahren, forderten viele tausend Opfer. Buschkriege und Bauernaufstände sind geläufige Landplagen seit alters her; die Privatarmeen der Viehbarone, die bewaffneten Separatisten – niemals war die

Zentralregierung im geographisch und ethnisch zerklüfteten Kolumbien allein Herr im Haus. Obwohl Kolumbien vermutlich die breiteste Mittelklasse Südamerikas besitzt, wird die Politik nach wie vor nach Gutsherrenart betrieben. Glücklicherweise sind Touristen nicht die Ziele gewaltsamer Auseinandersetzungen in Kolumbien. Im Gegenteil, auf die traditionelle Gastfreundschaft gegenüber Fremden darf man vertrauen. Kolumbien war das geographische Zentrum des riesigen spanischen Kolonialreiches in der Neuen Welt, und die Spuren aus dieser Zeit sind überall zu erkennen. In Kolumbien entschied sich der Krieg um die Unabhängigkeit der jungen Staaten, seine kulturelle Identität und seine ethnische Zusammensetzung sind komplexer (und zerrissener) als die der anderen Staaten Südamerikas. Das spanische Erbe ist überall präsent (Stierkampf!) – und zwar in einer fast archaischen Weise. Kolumbien hat seit seiner Unabhängigkeit 1819 keine nennenswerte Einwanderung mehr verzeichnet – anders als etwa Chile, Argentinien, Brasilien.

Die Kolumbianer sind feurige Nationalisten, aber die Loyalität gegenüber dem Staat und seinen Institutionen gilt ihnen wenig. Mit der Sippe, dem Dorf, der Region, aus der sie stammen, verbindet sie emotional viel mehr. Der Staatsfeind Nummer eins und berüchtigte Boß des Drogenkartells von Medellín, Pablo Escobar, galt in seiner Heimat Antioquia als Volksheld und Kerl von echtem Schrot und Korn, der es der Regierung in Bogotá zeigte. Trotz des Macho-Kultes, der im öffentlichen Leben immer noch eine große Rolle spielt und sich zum Beispiel in der Liebe zur Uniform und zum pompösen Zeremoniell äußert, sind die Kolumbianer selbstkritisch genug, ihre Schwächen einzugestehen, beispielsweise die Liebe zur Diskussion und zum Streit – und die Abneigung gegen entschlossenes Handeln.

Die drei Guyanas – die ehemalige britische Kolonie, das früher holländische Suriname und das französische Überseedepartement Guyane – sind die absonderlichsten Gebiete Südamerikas. England, die Niederlande und Frankreich haben sich jahrhundertelang um die sumpfige, regenreiche Küste gestritten. Wie auf den Inseln der Karibik hat der Kolonialismus mit seiner Plantagen- und Sklavenwirtschaft tiefe Spuren hinterlassen. Alle drei Gebiete zeichnen sich durch feuchtheißes, schwüles Tropenklima aus.

Am 26. Mai 1966 zogen die Briten in Guyana den Union Jack ein, inthronisierten den schwarzen Rechtsanwalt Linden Forbes Burnham und entließen ihre einzige Kolonie auf dem südamerikanischen Festland ins Chaos. Der Gründer des »weltersten sozialistischen Genossenschaftsstaates« ruht längst in einem prächtigen Mausoleum in einer Ecke des Botanischen Gartens von Georgetown. Guyanas Gegenwart illustriert ein Foto aus der Presse: Die Kranken des Städtischen Altenheimes Dharm Shala werden wegen Ausfall der Ambulanzen auf Gemüsekarren in das Hospital gekarrt. Guyana gilt neben Haiti als das rückständigste Land Lateinamerikas. Seine Staatswirtschaft befindet sich seit zehn Jahren im freien Fall. Gäbe es nicht die Carepakete und Überweisungen der Verwandten aus Kanada, den Vereinigten Staaten und England, ginge es den 600 000 Guyanern noch viel schlechter. Nur auf eines kann das Land stolz sein: auf die niedrige Analphabetenrate. Das von den Engländern eingeführte Schulwesen funktioniert immer noch. Die Rohrzuckerraffinerien, die Fischereikombinate, vor allem die einstmals dominierende Bauxitindustrie und alle anderen staatlichen Unternehmen haben dagegen vollständig abgewirtschaftet.

Jedes Auto in Guyana ist auch ein Taxi; man muß es nur anhalten (Linksverkehr!). Viehweiden, Kanäle, Deiche, flach wie in Holland zieht die Landschaft vorüber. Seelenruhig versperren heilige Buckelrinder die Weiterfahrt. Mitten auf der Straße drischt ein Bauer seine Hirse. Pechschwarze Tamilen und kupferbraune Bengalen bevölkern die Straßen. Guyana hat mehr mit Bangladesch gemein als mit seinem Nachbarn Venezuela, der auf die Hälfte des Landes Anspruch erhebt.

Wasserbüffel in den Reisfeldern, geputzte Kirchlein, die sich wie Gänse in den Grachten spiegeln, bunte Hindutempel am Straßenrand, die Minarette der Moscheen, die in den blauen Himmel stechen, und die Strohhütten der Schwarzen: Suriname gleicht einem Disneyland der Kontinente und Kulturen; die Musik, die aus der Kneipe plärrt, bestätigt es. Plattdeutsche Minnesänger werden ohne viel Tam-

tam von Limbo und Reggae und den schmelzenden Geigen indischer Filmmusik abgelöst, dann ist wieder Heintje dran. Draußen steht weißbuntes Fleckvieh vor den Bananenhainen. Die alte holländische Zuckerplantagenkolonie wurde 1975 mit einem »Sozialplan« in die Unabhängigkeit entlassen. Aber Suriname ist bis heute nicht zu einem Nationalstaat herangewachsen. Jede Bevölkerungsgruppe, die aus dem niederländischen Kolonialreich herangeschwemmt worden war, lebt von der anderen isoliert vor sich hin. Die meisten Bürger in Suriname wünschen sich wohl, es wäre nie die Unabhängigkeit ausgerufen worden.

Das französische ist das kleinste und feinste der drei Guyanas: 90 000 Quadratkilometer und 80 000 Bewohner. Die wenigsten tragen den rosigen Teint von Asterix und Obelix; die gallischen Stämme sind deutlich in der Minderzahl, und allenfalls im Raketendorf Kourou bestimmen sie das Straßenbild. Wenige Kilometer vom Pool des Novotel, wo sich Air-France-Stewardessen trägerlos bräunen, betritt man Schwarzafrika oder Hinterindien. Die Kolonie oder das bißchen, was von den imperialen Träumen eines französischen Großreiches in Südamerika geblieben war, mußte fortwährend gegen Holländer und Engländer verteidigt, also besiedelt werden. Cayenne, wo bekanntlich der Pfeffer wächst, wurde das, was es bis 1946 blieb: menschlicher Müllplatz und Strafkolonie. Von der Strafkolonie zur Touristenattraktion: Gruselreisen zu den Kasematten und Verliesen der Gefängnisinsel, Dschungeltrips mit

Kaimanjagd per Taschenlampe, Besichtigung des Raumfahrtzentrums Kourou, abends in die »Auberge des Amandiers«: Pariser Preisniveau, man akzeptiert Eurocheques. Dabei ist Guyane ein einziger großer Zuschußbetrieb. Frankreichs *gloire* kostet jährlich rund 300 Millionen Dollar. Auf deutsch: Jeder Bewohner von Guyane bekommt pro Jahr über 5000 Mark aus dem Staatssäckel. Früher mögen sich die Bewohner noch mit Fischfang und dem Anbau von Maniok abgeplagt haben. Heute sorgt das französische Sozialversicherungssystem dafür, daß mit jedem Baby mehr (also mehr Kindergeld) das Leben erträglicher wird. Was braucht man mehr als das, was der liebe Gott schenkt und Tonton Chirac verteilt? Unter dem Palmendach die Tiefkühltruhe, im Topf ein Huhn und vor der Gendarmerie das Telefon für ein Inlandsgespräch nach Paris: Leben wie Gott in Guyane?

BOGOTÁ/ KOLUMBIEN

(**B 2–3**) Holsteinische Kühe grasen seelenruhig beim Flughafen »El Dorado« von Bogotá. Backsteinvillen im Tudor-Stil künden noch von behäbiger Wohlanständigkeit. Die Hauptstadt Kolumbiens (6,3 Mio. Ew.) liegt auf 2600 m Höhe im fruchtbaren Hochtal der Sabana. Bogotás durchschnittliche Jahrestemperatur beträgt nur 14 Grad – und es regnet oft. 1538 gründeten Spanier die Stadt unter dem Namen Santafé de Bogotá, wie sie heute offiziell wieder heißt. Aus jener Zeit ist nicht mehr viel erhalten. Das alte, koloniale Herz der Stadt um die Plaza Bolívar liegt nachts verlassen da. Bogotá hat sich, wie fast alle südamerikanischen Metropolen, von seiner Geschichte davongestohlen und immer weiter nach Norden ausgebreitet. Dort liegen auch die besseren Hotels und Geschäfte.

Die Plaza Bolívar ist das Herz des historischen Teils von Bogotá

Altstadt

Bei einem Spaziergang rund um die Plaza Bolívar sieht man *Kathedrale, Rathaus, Erzbischöflichen Palast* und *Kapitol* (Sitz des Nationalkongresses) im historischen Stadtkern La Candelaria und ein paar alte Gassen weiter das *Teatro Colón* und den *Palacio de Nariño,* den Präsidentenpalast. Zahlreiche andere Barockpaläste und -kirchen sind dort zu bewundern, darunter auch der *Palacio de San Carlos,* in dem Simón Bolívar residierte. Heute ist der Palacio die offizielle Residenz des Präsidenten, um 17 Uhr ist Wachwechsel. Die Altstadt von Bogotá wird renoviert, kleine, gemütliche Krämerläden und Garküchen laden zum Verweilen ein. Trotzdem ist Vorsicht geboten: Touristen sind die bevorzugten Opfer von Taschendieben und Betrügern.

Monserrate/Quinta de Bolívar

Mit der Seilbahn (und sonntags auch mit der Zahnradbahn) geht es hinauf auf 3000 Meter über dem Meeresspiegel. Von der Höhe des 🌸 Klosters Monserrate bietet sich dann ein herrlicher Panoramablick über Bogotá. *Betriebszeiten: tgl. 9–18 Uhr.* Man sollte auf keinen Fall zu Fuß den Monserrate hinauf- oder hinabsteigen: Gefahr von Überfällen. Neben der Talstation der Monserrate-Bahnen liegt die Quinta de Bolívar, der liebevoll rekonstruierte Landsitz Simón Bolívars. Der Besuch lohnt sich, um einen Einblick zu gewinnen, in welch unerwartet frugalem Stil die besseren Herrschaften der damaligen Zeit zu leben pflegten. *Di–So 9–17 Uhr*

Goldmuseum

⭐ Das Museo del Oro im Banco de la República beherbergt einen weltweit einmaligen Schatz

30 000 solcher Stücke können Sie im Museo del Oro von Bogotá bestaunen

von 30 000 Stücken aus der vorkolumbischen Zeit. Die wertvollsten Pretiosen der Inka und anderer Dynastien sind in einem Sonderraum mit Panzertüren im Obergeschoß untergebracht. Die handwerkliche Feinheit und Raffinesse der Schmuckstücke zeugt vom hohen Entwicklungsstand der vorkolumbischen Kulturen. Regelmäßige Führungen in Englisch und Deutsch. *Di–Sa 9–16.30, So 9–12 Uhr, C. 6, 15–82*

Museo Nacional

Das ehemalige Gefängnis ist heute eine geschmackvoll eingerichtete Schatzkammer der kolumbianischen Geschichte – und eine interessante Galerie zeitgenössischer Kunst. *Di–Sa 9 bis 17, So 10–16 Uhr, Carrera 7, 28–66*

RESTAURANTS

Café Oma Libros
🏃 Eine Institution in Bogotá – mit angeschlossenem Buchladen; nicht nur kolumbianischer Kaffee und Torten, sondern auch preiswerte Tagesgerichte. *Carrera 15, 82–58, Kategorie 3*

Claustro San Augustín
Traditionelles Lokal im historischen Zentrum mit kolumbianischen Gerichten und einem kleinen Laden mit Kunstgewerbe. *Carrera 8, 7–21, Kategorie 2*

Hatsuhana
Ein Japaner in Bogotá? Ja, und was für einer! *Transversal 21, 100–43 (Zona Rosa), Tel. 01/257 94 69, Kategorie 3*

Tierra Colombiana
Hier wird nach alten kolumbianischen Rezepten gekocht. *Carrera 10, 27–27 (Centro Internacional), Tel. 01/334 95 26, Kategorie 2*

Tramonti
〰 Restaurant im Grünen mit internationaler Küche und schönem Blick über das nördliche Bogotá. *Vía a la Calera, etwas außerhalb der Stadt, Tel. 01/610 60 55, Kategorie 2*

EINKAUFEN

Artesanías de Colombia
Volkskunst, Lederartikel und Handwerksarbeiten in reicher Auswahl. *In der Kirche San Diego, Carrera 10, 26–50*

HOTELS

Bogotá Plaza/Royal
Ein Zwillings-Luxushotel, das beansprucht, das beste in Bogotá zu sein. *Plaza: 140 Zi., Av. 100, 18A–30, Tel. 01/257 22 00, Kategorie 1; Royal: 140 Zi., Av. 100, 8A–01, Tel. 01/218 99 11, Fax 218 33 62, Kategorie 1*

La Fontana
Neue Hotelanlage in traditionellem Hacienda-Stil. *130 Zi., Av. 127, 21–10, Tel. 01/274 78 68, Fax 216 04 49, Kategorie 1*

Tequendama
Eine kleine Stadt für sich. Besonders für Geschäftsreisende geeignet. *800 Zi., Carrera 10, 26–21, Tel. 01/286 11 11, Fax 282 28 60, Kategorie 1*

Los Urapanes
In der schicken Zona Rosa, 32 gemütliche, großzügig ausgestattete Zimmer. *Carrera 13, 83–19, Tel. 01/218 11 88, Fax 218 92 42, Kategorie 2*

AM ABEND

Las Ramblas
Spanische Küche mit abendlicher Folklore und Tanz. *Centro Comercial Los Héroes, Av. 13, 79–90, Tel. 01/257 43 70, Kategorie 2*

Zaguán Viejo Conde
Abendrestaurant mit Folkloreshows. *Carrera 14, 93A–66, Tel. 01/218 87 03, Kategorie 2*

AUSKUNFT

Staatliches Tourismusbüro CNT
C. 28, 13A–16, im Gebäude des Banco Cafetero, Mo–Fr 8.30–12.30

*und 14–17, Sa 9–12 Uhr, Tel. 01/
413 82 02 oder 413 98 30*

Amazonas (B 4)

Leticia (70 000 Ew.), die Drei-
länderstadt (Brasilien, Peru) am
oberen Amazonas mitten im
Dschungel, ist von Bogotá aus
in zwei Flugstunden zu erreichen. In Leticia bestehen zahlreiche Möglichkeiten, Dschungeltrips zu unternehmen. Unterkunft in 19 großen Zimmern im
*Parador Ticuna (Av. Libertador 6 bis
11, Tel. 0819/272 41, Kategorie 3).*
Der Parador unterhält auch
eine Dschungelhütte auf der »Af-
fen-Insel«. Das Hotel *Anaconda
(40 Zi., Carrera 11, 7–34, Tel. 0819/
271 19, Kategorie 2)* gilt zwar als
bestes am Ort, hat aber schon
bessere Tage gesehen.

Cali (A 3)

Wie Medellín ist die drittgrößte
kolumbianische Stadt (1,78 Mio.
Ew., 300 km südwestlich von Bogotá) geschlagen mit dem zwei-
felhaften Ruf ihrer Drogenbosse.
In Cali spürt man bereits den kli-
matischen und kulturellen Einfluß der Pazifikküste. Die Han-
dels-und-Industrie-Stadt liegt
malerisch im Cauca-Tal (Baum-
wolle und Zuckerrohr) eingebettet und zeichnet sich durch viele
Grünanlagen aus. Kloster und
Kirche *La Merced* (17. Jh.) markie-
ren das kleine historische Zentrum. 40 Autominuten nördlich
der Stadt in *El Cerrito* liegt auf hal-
ber Höhe die alte, urige Hacienda
El Paraíso, die Gäste aufnimmt
*(Buchung über Viajes Camino Real,
Cali, Av. 4 N, 22, Tel. 02/661 68 40).*
Bestes Hotel in Cali: *Intercon-*

*tinental, 450 Zi., Av. Colombia
2–72, Tel. 02/882 32 25, Fax
882 25 67, Kategorie 1, mit mehreren
guten Restaurants*

Medellín (A 2)

Die »Stadt des ewigen Frühlings«
(1,6 Mio. Ew., 240 km nordwestlich von Bogotá) hat durch die
Drogenmafia traurige Berühmt-
heit erlangt. Die gar nicht düstere
Industriestadt liegt auf 1500 m
Höhe und ist von hohen Bergen
umgeben. Sie hat ein kleines,
fast gemütliches historisches Zentrum mit der *Kathedrale* (17. Jh.) im
Parque Berrío, das einen Besuch
lohnt. Gute *parrillada* im Restaurant *Hato Viejo (Carrera 49, 52–170,
Tel. 04/231 11 08, Kategorie 2).*
Leidlich gutes Hotel im Zentrum:
*Ambassador (134 Zi., Carrera 50, 54
bis 50, Tel. 04/231 53 11, Fax
231 53 12, Kategorie 2).* Während
der Zeit des Blumenfestivals
(1.–9. August) sind die Hotels oft
ausgebucht.

CARACAS/ VENEZUELA

(B 2) Die Hauptstadt (6 Mio. Ew.)
von Venezuela liegt in einem
Hochtal (1000 m), so daß die
Nächte angenehm kühl sind. Bis
in die fünfziger Jahre bewahrte Caracas seinen eher dörflichen Charakter, seither schießen die Wolkenkratzer aus dem Boden.
Historische Viertel und alte Gemäuer hat Caracas kaum zu bieten,
dafür entschädigen großzügige
Parks und eine hervorragende Metro, die das gesamte Stadtgebiet von
West (Industrieviertel, Markt) nach
Ost (vornehme Viertel) bedient.
Ausführlich berichtet der MAR-
CO POLO Führer »Venezuela«.

BESICHTIGUNGEN

Plaza Bolívar

Der intime Platz ist das Zentrum der Altstadt; um ihn herum liegen alle repräsentativen Gebäude, die *Kathedrale*, das *Rathaus* und schließlich der Kongreß, das überraschend bescheidene *Capitolio Nacional;* es kann *Di–So 9–12 und 15–17 Uhr* besichtigt werden (Paßkontrolle). Nicht weit entfernt ein weiteres Staatsmonument: das *Panteón Nacional;* hier liegen die Gebeine von Simón Bolívar und anderen Helden der Unabhängigkeitskriege. Alle 25 Jahre wird der Sarg geöffnet, um nachzusehen, ob die Reste des »Befreiers Amerikas« noch vorhanden sind. *Di–So 9–12 und 14.30–17 Uhr*

RESTAURANTS

Caracas ist nicht gerade eine kulinarische Hochburg; im alten Stadtzentrum haben Imbißketten bessere Lokale verdrängt. Faustregel: je weiter weg vom Zentrum in Richtung Osten, desto besser ihr Standard.

Granjero del Este

Churrasco in allen Variationen. *Av. Rio de Janeiro, Tel. 02/91 66 19, Kategorie 2*

Mesón de Cervantes

Rindersteaks und *arepas*; an der *Avenida Urdaneta* gelegen (in der Nähe weitere passable Lokale). *Kategorie 2*

EINKAUFEN

Einen Überblick über die Volkskunst des Landes gewinnt man bei *Pro-Venezuela Exposición y Venta de Arte Popular, Gran Av.* und *C. Olímpico.*

HOTELS

Auch bei den Hotels gilt: Die besseren liegen im Osten, also außerhalb des Stadtzentrums.

Ávila

Das vornehme Hotel liegt in einem Park oberhalb der Stadt im Viertel San Bernardino. *113 Zi., Av. Jorge Washington, Tel. 02/ 51 51 19, Fax 52 30 21, Kategorie 1*

El Marqués

Ruhiges, preiswertes Hotel mit gutem Restaurant. *30 Zi., Av. Samán, Ecke Yaruari, Tel. 02/ 661 34 38, Kategorie 2*

Tamanaco

Das beste Hotel am Ort, entsprechend oft sind alle Zimmer belegt. *400 Zi., Av. Principal Las Mercedes, Tel. 02/92 45 22, Fax 208 71 16, Kategorie 1*

AM ABEND

Die Nachtlokale in Caracas sind erst ab 23 Uhr bevölkert.

Folkloreshow

Naiguatá im Hotel Tamanaco

Musikpalast

Un Solo Pueblo, Tercera Transversal, Altamira

AUSKUNFT

Staatliches Tourismusbüro Corpoturismo

In luftiger Höhe: *Torre Oeste, Parque Central, 35./37. Stock, Tel. 02/507 88 21, Fax 573 89 83, Mo bis Fr 8.30–12 und 14–16 Uhr*

Ciudad Bolívar / Angel Falls   (C 2)

Das frühere Angostura (260 000 Ew.) liegt südöstlich am Orinoco, der an dieser Stelle nur 300 m breit und recht reißend ist. Die Stadt hat ihren alten, kolonialen Charme nur teilweise behalten. Von hier aus (oder direkt von Caracas) sind Abstecher in den tiefen Süden des Landes möglich, besonders in die geheimnisvolle Welt der *Tafelberge,* in denen man noch vor hundert Jahren abwechselnd Saurier oder das sagenhafte Eldorado vermutete. Ein großartiges Erlebnis ist der Flug mit einer kleinen Maschine über den Dschungel, die Tafelberge und vor allem zu den ★ *Angel Falls,* die erst 1935 entdeckt wurden. Mit rund 1000 m sind sie die höchsten Wasserfälle der Erde. Empfehlenswertes, einfaches Hotel mit gutem Restaurant: *Laja Real, 69 Zi., gegenüber dem Flughafen, Tel. 085/279 11, Fax 287 78, Kategorie 3.* Das Hotel führt auch Angeltouren auf dem Orinoco durch. Im *Gran Hotel Bolívar* am Flußufer *(Paseo Orinoco)* gutes 🍽 Restaurant mit schönem Blick über den Strom *(Kategorie 3).*

Colonia Tovar   (B 2)

Besonders an den Wochenenden herrscht lebhafter Andrang in den Hotels »Kaiserstuhl« und »Freiburg«, im Café »Muhstall« und im »Silberbrunnen«. Die Gemeinde Colonia Tovar (4330 Ew.), die vor 150 Jahren von Einwanderern aus Baden gegründet wurde, ist eine Attraktion für die Bewohner von Caracas, das nur 60 km westlich liegt. Die Gäste genießen in 1800 m Höhe die frische Luft der Tannenwälder und Erdbeertorten mit Schlagsahne. Ruhige Unterkunft im *Hotel de Montaña (28 Zi., 7 km außerhalb auf der Straße nach Mérida, Tel. 033/824 01, Kategorie 3).* Zahlreiche Familienpensionen im Ort und einfache Cafés, die Tortenschlachten anbieten.

Isla Margarita   (C 2)

★ Die Doppelinsel (230 000 Ew.) 300 km östlich von Caracas hat in den letzten zehn Jahren einen unglaublichen touristischen Aufschwung erlebt. In Porlamar reiht sich ein Hotel ans andere. Aber es gibt auch noch unberührte, wilde Ecken auf der *Península Pacanao* im Westen. Für den Familienurlaub und zum Ausspannen ist die Isla Margarita sicher das richtige. Viel Flair sollte man allerdings nicht erwarten. Im Hauptort der Insel, *Porlamar,* ist das *Hilton-Hotel* die Nummer eins *(320 Zi., Tel. 095/62 33 33, Fax 62 08 10, Kategorie 1).* Hervorragendes Restaurant in der Stadt: *La Gran Pirámide (C. Malave/Patiño, Kategorie 2).* Neben den Luxushotels *Playa El Agua Beach Resort* und *Miragua Club Resort* gibt es gemütliche, kleine Hotelpensionen wie z.B. *Hostería El Agua (12 Zi., C. Miragua, Tel. 095/480 82, Kategorie 2),* oder die kleine Pension *Casa Trudel* unter deutscher Leitung *(Tel. 095/487 35, Kategorie 3).*

Islas Los Roques   (B 2)

Ein Atoll von 340 Riffen und Inseln, 150 km nördlich vor der Küste – und der schönste Nationalpark Venezuelas. Nur die Insel *Gran Roque* ist bewohnt; dort auch einfache Unterkunft bei Fischern. Tagesausflüge vom Maiquetía-Airport per Hubschrauber: *Aerotuy, Tel. 031/262 19 66*

Capitolio in Caracas: Venezuelas Kongreß tagt unter einer goldenen Kuppel

La Guaira (B 2)

Die benachbarte Hafenstadt (26 400 Ew.), in der sich auch der Flughafen von Caracas, Maiquetía, befindet, bietet für Reisende, die dem chaotischen und manchmal anstrengenden Wirbel der Hauptstadt entfliehen wollen, eine ruhigere Alternative. Zahlreiche Hotels, die sich an der Küste in östlicher Richtung hinziehen, haben zwar keinen schönen Badestrand, locken aber immerhin mit Blick auf das Meer. Nach Caracas hoch ins Gebirge sind es mit dem Taxi nur rund 40 Minuten – wenn kein Stau ist! Die besten Hotels mit Seeblick/ Strand im *Stadtteil Macuto: La Choza de Santiago*, mit gutem Restaurant (*Av. La Playa, Tel. 031/ 442 14, Kategorie 2*) oder *Plazamar* (*P. las Palomas, Tel. 031/442 91, Kategorie 2*). Entlang der *Av. Principal* gibt es eine ganze Reihe volkstümlicher Fischrestaurants.

Mérida (B 2)

Die Provinzhauptstadt (223 000 Ew.) mit kolonialem Kern liegt 700 km südwestlich von Caracas auf 1640 m Höhe von den höchsten Bergen des Landes umgeben, die berühmte Namen tragen: Pico Bolívar, 5007 m, Pico Humboldt, 4942 m, usw. Auf den *Pico Espejo*, 4765 m, führt in vier Schwüngen die höchste Seilbahn der Welt. Der Dreistundentrip lohnt sich vor allem von November bis Juni, wenn weniger Wolken die phantastische Sicht auf die Gletscher und Schneegipfel freigeben. Im August ist mit Eiseskälte zu rechnen. *Bahnbetrieb: Di–So ab 7.30 Uhr, letzte Hochfahrt 12 Uhr.* Empfehlenswertes, gemütliches Hotel: *Mintoy (40 Zi., C. 26, 8-130, Tel. 074/52 03 40, Kategorie 2)*. Das Reisebüro *Montaña (Edificio Américas, Av. Las Américas, Tel. 074/66 14 48)* veranstaltet Trekking-Touren.

CARTAGENA/ KOLUMBIEN

(A 2) ★ Die Zinnen und Türme der alten Stadt (700 000 Ew.) an der karibischen Küste Kolumbiens ragen wie eine Fata Morgana aus dem Indigoblau der Karibischen See. Immer wieder versuchten Piraten und Seeräuber die Schatzkammer des spanischen Kolonialreiches zu plündern, die nicht umsonst »Perle der Karibik« genannt wird. Cartagena de Indias, so der offizielle Name, duckt sich hinter seine Festungsmauern, als wenn es immer noch einen neuen Angriff erwartete. Wer will, kann schwitzend über die Mauern laufen oder in den Kasematten frösteln, die ehrwürdigen Kirchen aufsuchen, die Prachtvillen von Getsemaní und die Handwerkerviertel von Manga durchstreifen, Geld bei Hahnenkämpfen oder im Kasino verwetten, Antiquitätenläden und Märkte durchstöbern, um Smaragde feilschen oder die Fischrestaurants von Bocagrande ausprobieren.

BESICHTIGUNGEN

Kutschfahrt
Die frische Brise kämmt die Palmen und weht den Flugsand auf die Promenade. Brav trabt unser Pferdchen die Corniche von Bocagrande hinunter an den Getränkebuden und Strandcafés vorbei und biegt in die Avenida Venezuela ein. Rechter Hand liegt nun das Hafenbecken, linker Hand die befestigte Stadt. Unter dem Uhrturm rattern wir durchs Tor und landen in einer verzauberten Welt. Unter den Arkaden des alten Sklavenmarktes hämmern die Flickschuster und Gürtelmacher, hocken die Korbflechter und Polstermacher, der Gewürzhändler und der Zeitungsjunge schreien um die Wette, aus den dunklen Gewölben strömt der Duft von Fisch und Fett. Die Erker und Alkoven der Patrizierhäuser schieben sich wie dicke Bäuche in den Weg. *Panzas,* Dickwänste, nennt man sie von alters her, und hinter ihren kunstvoll gedrechselten Gittern schmachteten die blassen Töchter der Zuckerbarone, Sklavenhändler und Goldschmiede. Dieser schönen, alten Stadt hat Gabriel García Márquez mit seinem Roman »Die Liebe in den Zeiten der Cholera« ein literarisches Denkmal gesetzt. Es ist, als ob die Mauern der Stadt immer noch geheimnisvolle Geschichten zu erzählen wüßten.

Rundfahrt mit Rumba
🕺 In offenen Holzklasse-Buicks mit der Kapelle im Fond feuchtfröhliche Rundfahrt wie am Vatertag. *La chiva* nennt sich das. *Abfahrt beim Hotel El Caribe*

Schiffstour
Mit »Alcatraz« um *10 Uhr von der Hafenmole (Muelle Turístico)* aus Rundfahrt durch die Bahía de las Ánimas bis zu den Außenforts San Felipe und San Pedro Claver.

MUSEUM

Palacio de la Inquisición
Die steile Stiege hinauf vor die Schranken des Inquisitionsgerichts. Mit der Hexenwaage nach Kilo und Karat wurden die Opfer überführt, unfehlbar genau der schlimmste Aberglaube exeku-

tiert – noch bis ins letzte Jahrhundert. Aber dann der Ruf nach Freiheit – Freiheit vom spanischen Joch. Cartagena, die stolze Handelsstadt, erhebt sich und gibt das Signal. Fünf Jahre lang widersteht sie den spanischen Strafexpeditionen. Simón Bolívar, der Befreier, tauft sie daher später La Heróica, die »Heldenstadt« der kolumbianischen Unabhängigkeit. Im historischen Museum des alten Inquisitionspalastes sind einige Reliquien des Unabhängigkeitskampfes unter Glas archiviert. *Mo–Fr 8–11.30 und 14–17 Uhr, P. de Bolívar*

RESTAURANTS

Arabe Internacional
Zur Abwechslung einmal arabische Küche mit frischen Salaten. *Bocagrande, Carrera 3, 8–83, Tel. 05/665 43 65, Kategorie 2*

Bodegón de la Candelaria
⚥ Gemütliches Lokal mitten in der Altstadt mit spanischer Küche. *C. de las Damas, Tel. 05/664 72 51, Kategorie 3*

Capilla del Mar
Restaurant des gleichnamigen Hotels in Bocagrande. Besonders günstig: die Buffets mit Meeresfrüchten. *Carrera 5, 8–59, Tel. 05/665 47 73, Kategorie 2*

Club de Pesca
Kleines Restaurant im Yachthafen hinter den Mauern der Festung von San Sebastián. Meeresfrüchte. *Tel. 05/666 12 39, Kategorie 2*

EINKAUFEN

Am *Paseo de la Muralla*, im Schatten der Stadtmauer auf der Seeseite, finden sich zahlreiche kleine Läden mit Handwerksarbeiten, Souvenirs – und natürlich auch Kitsch.

HOTELS

Die meisten Hotels befinden sich im Viertel Bocagrande. In der Altstadt gibt es einige einfache, aber romantische Herbergen.

Capilla del Mar
Pool auf dem Dach, französische Weine im Keller und ein Reisebüro im Haus. *196 Zi., Carrera 1/C. 8, Tel. 05/665 11 40, Fax 665 51 45, Kategorie 1*

El Caribe
Neokolonialer Kasten mit dem ganzen Flair der Karibik: Bougainvilleapracht, Rattansessel, Deckenpropeller, diskrete Kellner, krächzende Kakadus. *363 Zi., Carrera 1, 2–87, Tel. 05/665 01 55, Fax 665 49 70, Kategorie 2*

Casa del Inglés
In der Altstadt. *10 Zi., C. del Sargento Mayor 6–74, Tel. 05/664 25 17, Kategorie 3*

Flamingo
Sauberes, kleines Hotel, freundlicher Service, Frühstück auf der Terrasse. *20 Zi., Carrera 2, 5–86, Tel. 05/665 03 01, Kategorie 3*

Hostal Santo Domingo
Mitten im Zentrum. *10 Zi., C. Santo Domingo 33–46, kein Tel., Kategorie 3*

AUSKUNFT

Staatliches Tourismusbüro CNT
Carrera 3, 36–57; P. Bolívar, Tel. 05/664 70 15, Fax 664 80 78

Islas del Rosario (A 2)

Ein Tagesausflug mit der »Alcatraz« führt zu den Koralleninseln 35 km südwestlich (Badesachen mitnehmen!); man kann dort auch ein paar Tage in einfachen Bungalows wie Robinson Crusoe verbringen.

San Andrés y Providencia (A 1)

🕈 700 km vor der kolumbianischen Karibikküste gelegen, sind die beiden zollfreien Inseln San Andrés und Providencia das bevorzugte Ziel der Butterfahrer und Urlauber aus Kolumbien: Karibik mit viel Kommerz. Wer es laut und lustig liebt, wird sich amüsieren. Von Bogotá und Cartagena aus gibt es günstige Pauschalangebote.

Sierra Nevada (B 2)

Wen es in die Höhe zieht: Bis zum Gipfel von 5775 m gelangt man erst nach beschwerlicher Tour auf Maultiersatteln durch den Dschungel. Leichter zu erreichen ist die Estancia bei *Santa Marta* (350 000 Ew.), auf der Simón Bolívar in der Hängematte verschied.

Über steile Eselspfade erreicht man auf 1200 m Höhe *Teyuna*, die »verlorene Stadt«. Zur Besichtigung der archäologischen Stätte braucht man aber eine Sondererlaubnis und die Führung durch Spezialisten.

Kaum zu glauben, aber wahr – hier hauste der Horror: Iles du Salut

CAYENNE/ FRANZ.-GUYANA

(**D 3**) Die Hauptstadt (52 000 Ew.) des französischen Überseedepartements versteckt sich hinter der Deichkrone; sie könnte geradewegs aus der Normandie verpflanzt sein – wenn die Palmen um die Place des Palmiers nicht wären. Besondere Sehenswürdigkeiten bietet Cayenne nicht – wenn man vom »Carrefour«-Supermarkt absieht, in dem die leckersten französischen Käse und Weine aus allen Regionen des Mutterlandes lagern; einmalig in Südamerika.

RESTAURANTS

L'Auberge des Amandiers
Hier wird man bei französischer Küche alle *empanadas* vergessen; der Schreck kommt mit der Rechnung. *P. Auguste-Horth, Tel. 30 26 00, Kategorie 1*

Wer nicht so viel ausgeben will: javanische Snacks am Canal Laussat – eine schmackhafte Abwechslung und dabei billiger als alle Franzosen.

HOTELS

Novotel Cayenne
Das Nobelhotel liegt etwas außerhalb der Stadt am brackigen Watt. *200 Zi., Tel. 30 38 88, Fax 31 78 98, Kategorie 1*

Phigarita Studios
Im Stadtzentrum, gutes Frühstück, wie alle Hotels in Guyane nicht ganz billig. *40 Zi. mit Kitchenette, R. F. Aragot 47 bis, Tel. 30 66 00, Fax 30 77 49, Kategorie 2*

AUSKUNFT

Staatliches Tourismusbüro ARDTLG
R. Lalouette 12, Tel. 30 09 00, Fax 31 84 91, Mo–Fr 8–12 und 15 bis 18 Uhr

ZIELE IN FRANZÖSISCH-GUYANA

Busse und Taxis sind in Guyane irrsinnig teuer oder nicht existent; man sollte sich einen Mietwagen nehmen. Reisebüros vermitteln teure, aber spannende Dschungeltouren mit Kleinflugzeugen und Kanus.

Iles du Salut (**D 2**)
Drei berühmt-berüchtigte Inseln des französischen Strafvollzugs, darunter auch die ★ *Teufelsinsel*, heute noch eindrucksvolle Horrororte, die man mit dem Boot von Kourou aus besichtigen kann. Der Roman »Papillon« spielt hier. Wer sich ganz heimisch fühlen will, kann in der feinen *Auberge Iles du Salut (40 Zi., Tel. 32 11 00, Fax 32 42 23, Kategorie 1)* bleiben.

Raumfahrtzentrum Kourou (**D 2**)
Eine Raumfahrtstation im doppelten Sinn: Ghetto der Europäer und Raketenstartplatz. Die Siedlung (7000 Ew.) hat ihre eigenen Hotels und Supermärkte. Das Raumfahrtzentrum kann *Mo–Fr 7.45–11.30 und Mo–Do 13 bis 16.30 Uhr* besichtigt werden. *Anmeldung über Tel. 33 44 82, Fax 33 50 55, oder Reiseagenturen*

GEORGETOWN/ GUYANA

(**D 2**) Die Holländer haben diese Stadt (200 000 Ew.) angelegt, die mit ihren breiten Alleen und geraden Kanälen, den weißgestrichenen Holzhäuschen und üppigen Gärten aus dem Bilderbuch der Belle Époque geschnitten scheint. Die interessantesten Ecken von Georgetown, der Hauptstadt der ehemaligen britischen Kolonie, sind an einem Tag zu besichtigen: die neogotische *City-Hall*, die *St. George's Cathedral* (eine der größten Holzkirchen der Welt), das klassizistische *Parlament*, der quirlige *Stabroek Market* und die zahlreichen anderen *Holzpaläste an der Main Street*. Gegen Abend empfiehlt sich ein Spaziergang auf der Deichkrone (Georgetown liegt unterhalb des Meeresspiegels), um die frische Brise zu genießen. Georgetown ist ein heißes Pflaster – nachts sollte man besser nicht allein zu Fuß unterwegs sein.

Arawak Steak House
Im moslemisch-hinduistisch geprägten Guyana eine Seltenheit: saftige Rindersteaks vom Grill. Auf einem Dachgarten des Demico Hotels. *Stabroek Market, Tel. 02/563 72, Kategorie 2*

China-Restaurants
Zahlreiche kleine Lokale befinden sich auf der *Sheriff Street;* unsichere Gegend, Taxi nehmen!

EINKAUFEN

Der *Stabroek Market (Water Street)* ist ein buntes Chaos und nur für erfahrene Traveller zu empfehlen; Spielzeug aus Konservendosen oder andere Dritte-Welt-Gebrauchsartikel für den besonderen Geschmack.

HOTELS

Park Hotel
Das zweitbeste Haus am Platze, mit kolonialem Flair und hübschem Patio (Restaurant). *50 Zi., Main Street 37–38, Tel. 02/549 14, Fax 603 51, Kategorie 2*

Pegasus Forte Crest
Traditionelles Luxushotel; kleine Zimmer. Es gibt ein Reisebüro im Haus, bei dem auch Dschungeltouren gebucht werden können. *131 Zi., Seawall Road, Tel. 02/528 53, Fax 537 03, Kategorie 2*

AUSKUNFT

Tourism Association of Guyana
Waterloo Street 157, Tel. 02/508 07, Fax 508 17

ZIEL IN GUYANA

Dschungeltouren   (C 2–3)
Die Reisebüros organisieren Dschungeltrecks mit Kanus in das Landesinnere; zu den gewaltigen *Kaieteur-Wasserfällen* (Nationalpark), die mehr als viermal so hoch wie die Niagarafälle sind, kommt man mit Kleinflugzeugen; auf dem Landweg sind sie nur mit tagelangen Expeditionen zu erreichen.

PARAMARIBO/ SURINAME

(**D 2**) Die *Reformierte Kirche* auf dem Kerkplein könnte als Bauvorlage für Ankers Steinbaukasten gedient haben. Ihre Backsteine haben zwei Jahrhunderten tropischer Hitze getrotzt, während doch die Grabplatten in ihrem Innern beredt davon Zeugnis ablegen, wie kurz das Leben der holländischen Kolonialverwalter im fieberverseuchten Suriname war. Paramaribo (200 000 Ew.) trägt wundervolle Straßennamen wie »Watermolenstraat«, »Gravenstraat« und »Keizerstraat«, die mächtigste *Moschee*, die älteste *Synagoge*, der bunteste *Hindutempel* und die größte *Holzkathedrale* finden sich dicht beieinander und sind ein schönes Spiegelbild der religiösen und ethnischen Vielfalt von Suriname. Ein paar Schritte über den Müll und Sprünge über die Pfützen, und schon steht man in der Mirandastraat vor den ziegelroten, putzigen *Kontorhäusern* der holländischen Zuckerbarone und Pfeffersäcke, in denen heute die Staatsorgane logieren. Das Finanzministerium krönt ein schmucker *Glockenturm*, die *Präsidentenvilla* schmückt das malerische Staatswappen – »Justitia, Pietas, Fides« – mit den beiden Indianern, der Meeresmuschel und der Kogge. Johann Adolf Pengel auf dem Podest trägt einen Zylinder wie weiland Winston Churchill; der Kugelbauch des ersten schwarzen Ministerpräsidenten, dem gerade einige Monate Amtszeit beschieden waren, wölbt sich gegen den Onafhankelijkheidsplein alias Eenheidsplein alias Oranjeplein. Unter Palmen versteckt liegt das alte *Fort Zeelandia*. Am Abend ist in Paramaribo so viel los wie in irgendeiner holländischen Provinzstadt.

Kolonialhaus in Paramaribo: Holland in Äquatornähe

Sarinah

Wo in Südamerika kann man schon eine indonesische Reistafel genießen – wenn nicht in Paramaribo? *Verlengte Gemenelandsweg 187, Tel. 43 06 61, Kategorie 2*

EINKAUFEN

Holzschnitzereien, Trommeln und Voodoo-Artikel kann man im Laden von *Arts & Crafts, Neumanpad 13 A*, auftreiben.

HOTEL

Torarica
Erstes Haus am Platz mit stets bevölkertem Kasino; hier steigen auch die KLM-Stewardessen ab. *132 Zi., Kleine Waterstraat, Tel. 47 15 00, Fax 41 16 82, Kategorie 1*

AUSKUNFT

Stinasu
Eine Stiftung für Naturschutz; gelegentliche Dschungeltouren. *Jongbawstraat 14, Tel. 758 45*

RESTAURANTS

Golden Dragon
Einer der vielen chinesischen Eßpaläste, mit denen Paramaribo gesegnet ist. *Anamoestraat 22, Kategorie 2*

Hochkultur im Hochland

Die Anden sind im doppelten Wortsinn atemraubend

An der »Andenmauer« weist die Erdkruste die größten Höhendifferenzen auf, die auf der Erde existieren. Nahe dem südlichen Wendekreis beträgt der Höhenunterschied mehr als 14 km auf weniger als 250 km Horizontaldifferenz – nämlich zwischen dem pazifischen Atacamagraben (7636 m Tiefe) und dem Gipfel des Vulkans Llullaillaco (6723 m Höhe). Der Andenraum ist zugleich das Siedlungsgebiet von präkolumbischen Hochkulturen gewesen. Die Monumente aus dieser Zeit gehören zu den interessantesten Reisezielen in Südamerika. In den drei Andenländern Ecuador, Peru und Bolivien bildet die indianische Bevölkerung bis heute die stärkste Bevölkerungsgruppe.

Das heutige Ecuador bildete den nördlichen Teil des großen Inkareiches. Den Zwist zwischen den beiden Söhnen des Inkaherrschers Huayna Capac ausnutzend, gelang es dem spanischen Eroberer Francisco Pizarro 1533,

die Inka zu schlagen. Ecuador wurde ein Teil des spanischen Großreiches und von Lima aus regiert. Aus dem heutigen Kolumbien drangen die Truppen des Freiheitshelden Simón Bolívar 1822 nach Ecuador vor. General Antonio José de Sucre, dem anderen großen Befreier Südamerikas, gelang es, die Spanier im selben Jahr zu schlagen. Ecuador wurde kurzfristig ein Teil von Groß-Kolumbien, bis es 1830 seine Unabhängigkeit erklärte. Ecuador ist Südamerika in der Nußschale, heißt es. Das kleine Land (283 000 qkm, 11 Mio. Ew.) wartet mit einer großen landschaftlichen Vielfalt auf; andines Hochgebirge, pazifische Tropenküste, Amazonastiefland und die Galápagos-Inseln, ein besonderes Naturdenkmal. Trotz der relativen Kleinräumigkeit sollte man die Entfernungen und Höhenunterschiede nicht unterschätzen.

Kein anderes südamerikanisches Land ist noch heute so stark durch die präkolumbischen Traditionen beeinflußt wie Peru. Im Andenhochland sind die Indianersprachen Quechua und Aymara weiter verbreitet als Spanisch. Dabei war das Vizekönig-

Machu Picchu ist die besterhaltene Inkastadt – denn die spanischen Konquistadoren hatten sie nie gefunden

MARCO POLO TIPS FÜR DIE ANDENLÄNDER

1 Eisenbahnfahrt nach La Oroya
Von Lima über den höchsten Schienenpaß der Welt und zum Indianermarkt in Huancayo (Seite 66)

2 Bergwerksstadt Potosí
Über der alten bolivianischen Stadt thront der Silberberg Cerro Rico (Seite 68)

3 Machu Picchu
Die Inkafestung ist das berühmteste Kulturdenkmal Südamerikas (Seite 59)

4 Galápagos-Inseln
Ein Besuch auf der Arche Noah im Pazifik (Seite 72)

5 Nazca in Peru
Ein Flug über die gigantischen Götzenbilder in der Wüste (Seite 67)

reich Peru mit seiner Hauptstadt Lima die Schatzkiste in Spaniens Neuer Welt. Als touristisches Ziel ist Peru, das drittgrößte Land Südamerikas, wahrscheinlich interessanter als alle anderen Länder des Subkontinents. Ein seit Anfang der achtziger Jahre andauernder Bürgerkrieg mit der maoistischen Guerillabewegung »Leuchtender Pfad« *(Sendero Luminoso),* der bisher über 26 000 Menschen das Leben gekostet hat, ließ aber den Tourismus verebben. Inzwischen hat sich unter Präsident Alberto Fujimori, der von japanischen Einwanderern abstammt, die Sicherheitslage erheblich verbessert.

Die Hälfte des drittgrößten südamerikanischen Landes nimmt das menschenleere Amazonastiefland ein – eine Region, die bis auf Iquitos bislang touristisch kaum erschlossen ist und nur über abenteuerliche Wege erreicht werden kann. Am Ostabhang der Anden liegen die Hauptanbaugebiete der Kokakulturen; eine Reise in diese Gebiete empfiehlt sich wegen der Aktivitäten der Drogenmafia und der skrupellosen Soldateska nicht. Relativ sicher sind hingegen die Andenregionen. Der Reisende sollte aber auf keinen Fall die Transportschwierigkeiten im zerklüfteten Gebirge unterschätzen. Die klapprigen Busse benötigen für die Fahrt zwischen Orten, die in Luftlinie nur ein- oder zweihundert Kilometer auseinanderliegen, nicht selten mehrere Tage. Der wüstenhafte pazifische Küstenstreifen ist durch die »Panamericana« besser erschlossen.

Bolivien schließlich, das »Dach Südamerikas«, war wegen seiner Silberminen vielleicht die wichtigste spanische Besitzung in der Neuen Welt. Der Befreiungsheld Simón Bolívar taufte die Provinz auf seinen Namen; damals gehörten Peru und Bolivien noch zusammen. 1839 erklärte der Staatsgründer Marschall Andrés Santa Cruz die Unabhängigkeit des Landes. Boliviens Geschichte ist die einer nicht enden wollenden Abfolge von Staatsstreichen ehrgeiziger Caudillos. Es gehört zu den ärmsten Ländern Südamerikas – doch seine landschaftliche Schönheit begeistert jeden Besucher.

Das Reisen in Bolivien ist relativ sicher – man sollte aber auf keinen Fall die logistischen Schwierigkeiten unterschätzen. Außerhalb der großen Orte sind kaum Hotels und für europäische Mägen verträgliche Restaurants vorhanden. Bolivien ist neben Paraguay das einzige Land, das keinen direkten Zugang (mehr) zum Meer besitzt. Es ist ein von der Außenwelt durch hohe Gebirge und menschenleere Trockenwüsten, den Chaco, abgeschlossenes Land mit langer bäuerlicher Tradition. Reisende sollten durch zurückhaltendes Auftreten darauf Rücksicht nehmen und sich stets bewußt sein, daß sie von den Einheimischen im Grunde immer noch als extraterrestrische Wesen angesehen werden.

CUZCO/PERU

(**B 5**) Alle Wege führen nach Cuzco: Wer die Anden besucht, kann an Cuzco (275000 Ew.) nicht vorübergehen. Nur dem ganz eiligen Reisenden sei der Direktflug aus Lima empfohlen, der mit schwieriger Anpassung an die Höhenlage (3310 m) verbunden ist. Der wesentlich schönere Weg, sich der alten Inkastadt zu nähern, führt von Puno am Titicaca-See mit der Eisenbahn nach Cuzco. Cuzco war die Hauptstadt des mächtigen Inkareiches bis zu dem tragischen Tag, dem 8. November 1533, als Pizarro die Stadt besetzte. 1572 ließ Francisco de Toledo den letzten Inkaherrscher Tupac Amaru ermorden; aber 1780 erhob sich ein Nachfahre, Tupac Amaru II. – und um ein Haar wäre der letzte Aufstand der Inka gelungen. Selbst für den Laien drängt sich in Cuzco angesichts der wuchtigen, millimetergenau bearbeiteten Fundamente der Inkapaläste die Frage auf, wie diese Hochkultur unter dem Ansturm von einigen berittenen Barbaren, den spanischen Söldnern, zusammenbrechen konnte. Die Spanier ließen alle Inkabauten schleifen und bauten auf den Fundamenten ihre Paläste, lächerliche Lehmhäuser im Vergleich zu den zyklopischen Bauwerken der Inka. Durch die Gassen und Stiegen und über die Plätze von Cuzco kann man tagelang spazieren und immer wieder neue Details bewundern. Keine andere Stadt in den Anden zieht so viele Touristen an; und die meisten unternehmen natürlich auch den Tagesausflug zur Inkaburg Machu Picchu.

Altstadt

Alle Klöster, Kirchen, Tempel und Museen können mit einem fünf Tage geltenden Besucherpaß besichtigt werden. Ausgangspunkt für einen Spaziergang durch die Altstadt ist, wie immer, die *Plaza de Armas.* Um sie herum gruppieren sich die wichtigsten Gebäude wie die *Kathedrale* (17. Jh. mit reichen Ornamenten), die Jesuitenkirche *La Compañía de Jesús,* die Klosterkirche *La Merced* und schließlich die Kirche *Santo Domingo,* südöstlich der Plaza, die auf den Fundamenten des Sonnentempels der Inka errichtet wurde. Das meistfotografierte Beispiel der fugenlosen Inkabaukunst findet sich in der Gasse *Callejón Loreto.* Aber auch sonst wird man beim Rundgang durch den Stadtkern auf Schritt und Tritt Ruinen der Inka begegnen.

MUSEEN

Museo Arqueológico

Das Archäologische Museum befindet sich im mächtigen Palacio del Almirante nördlich der Plaza de Armas und besticht mit einer hervorragenden Kollektion präkolumbischer Stücke, auch Textilien, und Gemälden der Schule von Cuzco. *Mo–Fr 8–17.30, Sa und So 8–14 Uhr*

Museo de Arte Religioso

Auf Inkamauern eine sehenswerte Ausstellung sakraler Kunst. *Mo–Sa 8.30–12 und 15–17.30, So 15–18 Uhr, im Erzbischöflichen Palast, nördlich der Plaza*

RESTAURANTS

Cuzco ist voll auf »alternative« und »normale« Touristen eingestellt; an jeder Ecke, in jedem zweiten Kolonialpalast finden sich Restaurants und Cafés. Besonders auf der »Freßgasse« *Procuradores* findet sich für jeden Gaumen etwas. Allerdings wechseln die Maîtres und Moden so schnell, daß Einzelangaben rasch veralten. Am besten, man folgt seiner Nase in die Gassen rings um die Plaza.

EINKAUFEN

Gegenüber der San-Pedro-Bahnstation (sie trägt auch den Namen Santa Ana) befindet sich ein großer *Indianermarkt.* Cuzco ist ein Zentrum der peruanischen Textilproduktion, schöne Pullover und Ponchos sind dort günstig zu kaufen.

HOTELS

Hostal Carlos

Charmantes, kleines Hotel, das Restaurant allerdings weniger gut. *20 Zi., Tecsecocha 490, Tel. 084/22 30 91, Kategorie 3*

Libertador-Marriott

Das 5-Sterne-Hotel ist geschmackvoll in einem alten Palast untergebracht und bietet allen Komfort, den man in dieser Preislage erwarten darf. *150 Zi., C. San Agustín 400, Tel. 084/ 23 26 01, Fax 23 19 61, Kategorie 1*

Samaná

Kleines Hotel in kolonialem Gemäuer, sauber und freundlich. *20 Zi., Nueva Baja 472, kein Tel., Kategorie 3*

San Agustín

Gediegenes, angenehmes Interieur, freundlicher Service. *70 Zi., Maruri y San Agustín, Tel. 084/ 23 10 01, Fax 22 11 74, Kategorie 2*

AM ABEND

Folkloreshows fast jeden Abend im *Qosqo Native Art Centre (Av. Sol 604, Eintritt umgerechnet 3 Dollar),* oder im *Teatro Inti Rymi (Saphi 605, jeden Abend ab 18.45 Uhr).*

AUSKUNFT

INC

Mantas 188, Tel. 084/25 29 74, Mo bis Fr 8–20 Uhr

Arequipa (B 5)

Die alte Kolonialstadt im Süden (1 Mio. Ew.) liegt malerisch in einem Tal (2380 m) zu Füßen des schneebedeckten Vulkans El Misti (5822 m). Ihre Gebäude sind aus dem hellen Tuffstein der Vulkanasche gebaut – daher trägt Arequipa den Beinamen »weiße Stadt«. Zahlreiche niedrige Kirchen (Erdbebengefahr!) und Paläste, schattige Plätze und stille Gassen laden in Arequipa zu einem touristischen Bummel ein. Besonders sehenswert ist das Santa-Catalina-Kloster, eine eigene verwinkelte Stadt in der Stadt mit kostbaren Gemälden der Cuzco-Schule und reichen Schnitzereien *(tgl. 9–16 Uhr)*. Internationale Küche mit gutem Service bietet das *Le Paris (Mercaderes 228, Kategorie 2)* volkstümlich und gutem Frühstück ist *Balcón Arequipa (an der Plaza, Kategorie 3)*. Übernachten kann man an der Plaza de Armas mit schönem Blick über die Stadt und Dach-Swimmingpool im Hotel Portal *(80 Zi., Portal de Flores 116, Tel. 054/ 21 55 30, Fax 23 43 74, Kategorie 2)* oder im *Maison Plaza,* einem kleinen, einfachen, aber sauberen Hotel an der Plaza *(30 Zi., Tel. 054/21 89 29, Fax 21 21 14, Kategorie 3).*

Machu Picchu (B 5)

★ Die Fluchtburg und -stadt der Inka wurde erst 1911 entdeckt; bis dahin hatte sie im Dornröschenschlaf geruht, gut versteckt im Dschungel auf einem Felsplateau auf 2380 m Höhe der Schlucht des Río Urubamba. Keine andere Stadt der Inka ist so gut erhalten – denn die Spanier hatten sie ja nie gefunden. Um alle Winkel von Machu Picchu zu durchstreifen, benötigt man eigentlich mehr als die wenigen Stunden, die dem Reisenden auf den Tagestouren von Cuzco aus zugestanden werden. Denn Machu Picchu ist ein einzigartiges Monument der präkolumbischen Kultur. Bereits die Anfahrt mit dem Zug ist ein Erlebnis: Zuerst klettert die Bahn in Spitzkehren in den Himmel, überquert eine fruchtbare Hochebene und schlängelt sich dann durch die Urubamba-Schlucht. Der letzte Abschnitt aus dem Tal hoch zur Burg wird in Minibussen zurückgelegt. Gut trainierte Wanderer können beim Bahnkilometer 88 aussteigen und in drei bis fünf Tagen über den »Inka-Trail« (höchster Paß 4200 m) nach Machu Picchu vordringen. Wer dazu noch schwindelfrei ist, sollte den einstündigen Aufstieg auf den Huayna Picchu wagen, von dessen Gipfel (Inkatempel) sich ein wahrhaft majestätischer Blick über Machu Picchu bietet. In Machu Picchu bietet das *Tourist-Hotel (20 Zi., Kategorie 2)* die Möglichkeit, sich länger aufzuhalten, *Buchung über Entuperú in Lima (Tel. 01/470 32 32) oder Cuzco (Tel. 084/23 99 26).*

Sacsayhuamán (B 5)

Die mächtige Festung thront oberhalb von Cuzco; ein phantastischer Rundblick belohnt den Aufstieg (1/2 Stunde für trainierte Wanderer) zu ihr. Vermutlich war Sacsayhuamán keine Burg, sondern eine Tempelanlage. Wie die Inka es geschafft haben, 300 Tonnen schwere Blöcke aneinanderzufügen, ist ein bis heute ungelöstes Rätsel. Alljährlich am 24. Juni findet auf der Tempelanlage das große Inti-Raymi-Fest statt; bereits zwei Wochen vor diesem Datum füllt sich Cuzco mit Indianern aus den umliegenden Dörfern.

LA PAZ/BOLIVIEN

(B 5) In der höchsten Verwaltungshauptstadt der Welt (1,2 Mio. Ew.) ist die Luft sehr dünn: La Paz liegt auf durchschnittlich 3635 m Höhe in einem Talkessel des Río Choqueyapu. In La Paz hausen die Armen dem Himmel am nächsten, etwa um den Flughafen El Alto auf 4000 m Höhe; die Reichen hingegen residieren 1000 m tiefer im Tal in dickerer Luft. Über der Lawine von Hütten und Häusern, die sich in den Talkessel ergießt, thront majestätisch der Illimani (6462 m) mit seiner Krone aus ewigem Schnee. Spanische Goldsucher hatten diesen verrückten Ort 1548 ausgewählt, um sich vor den eisigen Winden auf der Hochebene zu schützen. Zwischen Dezember und Februar regnet es täglich; der Rest des Jahres ist fast niederschlagsfrei und sonnig. Nachts wird es bitter kalt. Flugreisende sind gut beraten, die ersten Stunden nach ihrer Ankunft auszuruhen, um sich an den Sauerstoffmangel zu gewöhnen – andernfalls droht *soroche* mit Kopfschmerzen und Übelkeit. Die besseren Hotels halten für ihre luftschnappenden Gäste Sauerstoffduschen bereit. Gegen die Höhenkrankheit helfen auch drei, vier Tassen harmloser Kokablatt-Tee täglich.

La Paz ist eine moderne Stadt mit Resten kolonialer Architektur. Vom Bahnhof ausgehend,

zieht sich wie eine schräge Rampe die Hauptverkehrsader 6 km weit nach unten und wechselt dabei dreimal den Namen: Av. Montes/Mariscal Santa Cruz/16 de Julio (»El Prado«)/Arce. Die Altstadt rings um die Basilika San Francisco kann bequem zu Fuß an einem Tag besichtigt werden (Verschnaufpausen einlegen!).

BESICHTIGUNG

Altstadt
Kirche und Kloster der *Basílica de San Francisco* sind wegen ihrer reichen barocken Ausschmückung sehenswert *(Sa 10–12 Uhr bunte Indianerhochzeiten)*. Rund um die Basilika zahlreiche Gäßchen mit Souvenirläden und Volkskunst. Auf der gegenüberliegenden Seite die *Plaza Murillo;* sie wird gesäumt von der neogotischen *Kathedrale,* dem *Präsidentenpalast* im Stil der italienischen Renaissance und dem *Kongreß.* Im weiteren Umkreis der Plaza finden sich noch einige Paläste aus der Kolonialzeit.

RESTAURANTS

La Bella Vista
Gepflegte Küche im 16. Stock des Fünfsternehotels *Presidente* mit dem schönsten Blick auf die Stadt – der Name verspricht nicht zuviel. *C. Potosí/C. Jenaro Sanjinés, Tel. 02/36 71 93, Kategorie 1*

Café Ciudad
Traditioneller Treffpunkt der Boheme und Studenten in Uni-Nähe mit kalten und warmen Speisen rund um die Uhr. *P. del Estudiante/Batallón Colorados, Tel. 02/34 15 27, Kategorie 3*

Die Basilika San Francisco ist das Zentrum der Altstadt von La Paz

Eli's Konditorei

Riesentorten wie aus Omas Zeiten und schmackhafte Tellergerichte; im Gegensatz zu *Eli's Pizzaria* noch nicht von der Fastfood-Welle überrollt. Preiswert. Im Gebäude des Kinos »Monje Campero«. *Paseo del Prado, Nähe Bolívar-Denkmal, Kategorie 3*

Juliano's French Italian Cuisine

Die besten *paste* von La Paz in stilvoller Villa. *C. Fernando Guachalla 356, Tel. 02/37 41 99, Kategorie 1–2*

HOTELS

El Dorado

Komfortabel, mit eigenem Parkplatz, preiswert und freundlicher Service. *70 Zi., Av. Villazón, Tel. 02/36 33 55, Fax 39 14 38, Kategorie 2*

El Rey Palace Hotel

Gepflegtes Luxushotel mit aufmerksamem Service und zivilen Preisen. *45 Zi., Av. 20 de Octubre 1947, Tel. 02/39 30 16/17/18, Fax 36 77 59, Kategorie 2*

Hotel Presidente

Zentral gelegenes, unprätentiöses Fünfsterneetablissement. *104 Zi., C. Potosí/C. Jenaro Sanjinés, Tel. 02/36 71 93 und 36 86 01, Fax 35 40 13, Kategorie 1*

AUSKUNFT

Oficina de Información Turística

Av. 16 de Julio, Tel. 02/36 74 42

Touren

Transturin, Camacho 1321, Tel. 02/32 85 60, Fax 39 11 62; Diana Tours, Sagárnaga 328, Tel. 02/34 03 56, Fax 36 08 31: Touren an den Titicaca-See und Trekking-Touren.

ZIELE IM NORDEN UND ZENTRUM BOLIVIENS

Cochabamba (B–C 5)

Die drittgrößte bolivianische Stadt (300 000 Ew.) liegt auf mittlerer Höhe (2570 m) und ist ein Zentrum der Landwirtschaft; obwohl Cochabamba bereits im Jahr 1574 gegründet wurde, sind heute nur wenige Monumente aus der Kolonialzeit erhalten. Gleichwohl hat die Stadt eine gute touristische Infrastruktur. Ein empfehlenswertes Hotel ist das *Aranjuez (30 Zi., Av. Buenos Aires E-0563, Tel. 042/800 76, Fax 401 58, Kategorie 1)* mit gemütlichem Restaurant im Kolonialstil.

Santa Cruz de la Sierra (C 5)

Santa Cruz liegt nicht in der Sierra, sondern im bolivianischen Tiefland, auf halbem Wege zwischen dem Amazonasbecken und dem des Río de la Plata. Die Stadt (750 000 Ew.) boomt, seit vor zwanzig Jahren die Verkehrswege ausgebaut wurden. Zahlreiche Kolonien von Mennoniten, Japanern und auch deutschen Einwanderern tragen zum Aufschwung der Region bei. Trotz heißer Sommer ist das Tiefland-

klima menschenfreundlicher als das der Hochebene. Santa Cruz bietet wenige touristische Sehenswürdigkeiten, hat aber ein Hotel, das mit Erfolg seinen Ruf verteidigt, das beste ganz Boliviens zu sein. Den Ruf verdient zumindest die großzügige Gesamtanlage: *Los Tajibos, 90 Zi., Av. San Martín (etwas außerhalb der Stadt), Tel. 03/ 42 10 00, Fax 42 00 22, Kategorie 1*

Tiahuanaco (B 5)

80 km südwestlich von La Paz liegt das bedeutendste Kulturdenkmal Boliviens: die Skulpturen, das Sonnentor und die steinernen Zeugen einer rätselhaften Kultur, die von 600 v. Chr. bis 1200 n. Chr. existiert hat. Tagesausflüge nach Tiahuanaco sind in La Paz zu buchen.

Titicaca-See (B 5)

Alle Landwege von La Paz nach Cuzco – die Hauptroute des Andentourismus – führen über den Titicaca-See. Rund um das stahl-

Auf dem »Auge der Anden«, dem Titicaca-See zwischen Peru und Bolivien

blaue »Auge der Anden«, den größten Hochlandsee der Erde (3812 m über Normalnull, 6900 qkm, bis 272 m tief), liegt relativ fruchtbares Weideland, das Schaf- und Lamazucht ermöglicht. Zahlreiche indianische Dörfer zeugen noch heute von der dichten vorkolumbischen Besiedelung. Ausgangspunkt für Schiffstouren auf dem See ist die Kleinstadt *Copacabana* mit ihrer Kirche aus dem 17. Jh. und der dunklen Muttergottes, der Wunder zugeschrieben werden. Unterkunft im einfachen Hotel *Playa Azul (15 Zi., C. 6 de Agosto, Tel. 32 00 68, Kategorie 3).* Von Copacabana führt die Straße weiter bis zur peruanischen Grenze bei Desaguadero.

LIMA/PERU

(**A 5**) Einst die Königin unter den Städten Südamerikas, die glänzende Metropole des spanischen Vizekönigreiches, das von Cartagena bis nach Argentinien reichte – dieses Lima ist heute eine von Wunden gezeichnete Stadt. Rund ein Drittel aller Peruaner hausen in und um Lima: in Bretterbuden und Verschlägen, auf der nackten, grauen Erde, an Abwasserkanälen, in Ruinen. Die Hauptstadt Perus hat acht Millionen Einwohner, und täglich werden es mehr. Die Flut der Landflüchtlinge, der verarmten Andenbauern, reißt nicht ab, die *pueblos jóvenes,* grauenhafte Slums am Stadtrand, wachsen wie Krebsgeschwüre weiter. Lima ist ein Kalkutta Südamerikas. Natürlich sind nicht alle Stadtviertel schmutzstarrende Elendsquartiere. Die Altstadt wird mit Müh und Not für die Touristen erhal-

ten; die Reichen sind längst nach Miraflores und San Isidro hinausgezogen. Das sind freundlichere, moderne Viertel mit kleinen Parks und Promenaden an der steilen Pazifikküste. Hier befinden sich auch die besseren Restaurants und Hotels.

Altstadt

Die weiträumige *Plaza de Armas* vermittelt einen ersten Eindruck von der früheren Bedeutung Limas. Von hier aus sind zu Fuß alle Sehenswürdigkeiten zu erreichen. Die Nordostseite des Platzes beherrscht der *Präsidentenpalast,* ein wohlproportioniertes Gebäude, das 1921 an der Stelle des alten Pizarro-Palastes errichtet wurde; eine *Reiterstatue* des Schweinehirten und Eroberers Perus steht in einem Winkel des Platzes, an dessen Westseite das *Rathaus* und der *Club Unión,* beide im neokolonialen Stil. Gegenüber der *Bischofspalast* und die *Kathedrale* (Mitte 17. Jh.), in der die Gebeine Pizarros ruhen; besonders eindrucksvoll der silberne Hochaltar und Schnitzereien. Von der Plaza de Armas führt die belebte Fußgängerstraße *Jirón de la Unión* zur *Plaza San Martín* mit den schönen Arkaden ringsum. Auf halbem Weg liegt die Kirche *La Merced,* in der die erste Messe Limas gehalten wurde; sie ist ein eindrucksvolles Beispiel der üppigen barocken Sakralkunst in Peru. Der Präsidentenpalast grenzt mit seiner Rückseite an den reißenden Río Rímac, an dessen Ufer die fliegenden Händler ihre Buden aufgeschlagen haben. Dort liegt auch der Bahnhof Limas. Weiter in östlicher Richtung treffen wir auf *Kirche und Kloster San Francisco* (schöner Klosterhof und Kreuzgang) mit sehenswerter Sammlung sakraler Kunst und Katakomben, in denen die Skelette der Franziskanermönche säuberlich aufgereiht sind *(Führungen tgl. 9.30–17.45 Uhr)*. In der Straße *Jirón Ucayali* ist noch einer der wenigen erhaltenen Kolonialpäläste zu bewundern, der *Palacio Torre Tagle*, in dem heute das Außenministerium untergebracht ist. Jenseits der *Avenida Abancay* die baumbestandene *Plaza Bolívar* mit dem *Kongreß* und dem nahe gelegenen *Museum der Inquisition (Mo–Fr 9–13 und 14.30–17 Uhr)*.

MUSEEN

Museo Nacional de Antropología y Arqueología

Das wichtigste Museum Perus befindet sich im Viertel Pueblo Libre; es beherbergt eine reiche Sammlung von Fundstücken vorkolumbischer Kulturen und ein Modell der Inkafestung Machu Picchu. *Di–Sa 9–18 Uhr, P. Bolívar*

Museo de Oro

Das unterirdische Goldmuseum (offizieller Name: Museo Miguel Mujica Gallo) zeigt eine umfangreiche Kollektion präkolumbischer Schmuckstücke und Waffen. *Tgl. 11.30–19 Uhr, Av. Primavera/Av. de Molina 1110, Viertel Monterrico*

RESTAURANTS

Café Suisse

Im Herzen von Miraflores gelegenes Caférestaurant mit Speisen, die dem europäischen Magen bekömmlich sind. *Av. Larco 111, Kategorie 2*

L'Eau Vive

❖ Ein von Nonnen betriebenes Restaurant in kolonialem Ambiente gegenüber vom Palacio Torre Tagle. *Jirón Ucayali 370, Tel. 01/427 57 12, Kategorie 3*

Pabellón de la Caza

Feinschmeckerklause gegenüber dem Goldmuseum in Monterrico. *Alonso de Molina 1100, Tel. 01/437 95 33, Kategorie 2*

Rincón Gaucho

Gutes Steakhaus im Villenvorort. *Miraflores, Parque Salazar, Tel. 01/447 47 78, Kategorie 1*

Rosa Náutica

🍴 Hier kann man teuer, aber ohne Bedenken *ceviche* und andere Rohköstlichkeiten des Meeres in Gesellschaft der lokalen Schickeria genießen. Schönes Ambiente: auf einem Pier im Pazifik den Sonnenuntergang genießen. *Miraflores, Espigón 4, Tel. 01/447 00 57, Kategorie 1*

Skyroom

🍴 Dachrestaurant des Hotel Crillon mit Panoramablick über Limas Zentrum. *Colmena 589, Tel. 01/428 32 90, Kategorie 2*

Las Trece Monedas

Bei den »Dreizehn Münzen« gibt es typisch peruanische Gerichte in einem alten Bürgerhaus. *Av. Abancay/Ancash 536, Tel. 01/427 65 47, Kategorie 2*

EINKAUFEN

Volkskunst Minka

Die Dachorganisation der Volkskunstkooperativen vermittelt den besten Überblick. *Av. Grau 266, Do–Sa 11–19 Uhr*

Crillon

Modernes Haus mit Aussichts-restaurant. *547 Zi., Colmena 589, Tel. 01/428 32 90, Fax 432 59 20, Kategorie 2*

Gran Bolívar

Traditionsreicher Palast in der Fußgängerstraße an der Plaza San Martín mit dem passenden nostal-gischen Flair. *150 Zi., Unión 958, Tel. 01/427 23 05, Fax 433 86 26, Kategorie 2*

Lima Sheraton

Anonymer Kasten mit dem Kom-fort, den man bei einem 5-Sterne-Hotel erwarten darf. *431 Zi., Paseo de la República, Tel. 01/433 33 20, Fax 433 63 58, Kategorie 1*

Erzbischöflicher Palast und Kathedrale an der Plaza de Armas in Lima

Im Modell erkennt man die Wüstenmuster von Nazca besonders gut

El Condado
Gediegenes, nicht überteuertes Hotel. Große Zimmer, im Kolonialstil eingerichtet. *Alcanfores 465, Tel. 01/444 36 14, Fax 444 19 81, Kategorie 1*

Grand Hotel Miraflores
Sehr nettes Ambiente und ein ebenso freundlicher Service. *150 Zi., Av. 28 de Julio, Tel. 01/447 96 41, Kategorie 2*

Pensión Lucerna
Kleines, gemütliches Hotel. *20 Zi., C. Las Dalias 276/Av. Larco, Tel. 01/445 73 21, Fax 446 60 50, Kategorie 3*

Coliseo Cerrado
🏃 Jedes Wochenende Schwof mit unzähligen Indio-Musikgruppen – authentischer als in einer deutschen Fußgängerzone; genau der richtige Ort, um den musikalischen Reichtum Perus zu genießen. *Av. Alfonso Ugarte*

Infotour
Jirón de la Unión 1066, Oficina E 2, Tel. 01/431 01 17, Mo–Fr 9.30 bis 17.30, Sa 10–13 Uhr

Callao/San Isidro (A 5)
Callao, der Hafen von Lima, ist ein nicht ungefährliches Pflaster mit nostalgischen Straßenzügen. San Isidro ist das vornehmste Viertel mit schönen alten Villen, Parks und einer Promenade hoch über dem Steilufer des Pazifiks.

Huancayo/La Oroya (A 5)
Das Ziel gilt nichts, der Weg ist alles: ★ 🌊 Die Fahrt mit der Eisenbahn von Lima nach La Oroya und Huancayo gehört zu den spektakulärsten Erlebnissen, die der unternehmungslustige Reisende in den Anden machen kann. Der Zug überwindet in endlosen Spitzkehren durch 68 Tunnel und über 59 halsbrecherische Brücken einen Höhenun-

terschied von fast 5000 Metern! In knapp 160 km von Lima erreicht man den höchsten Eisenbahnpaß bei Ticlio mit genau 4728 m. Der Blick aus dem Zugfenster ist atemraubend – so sehr, daß Krankenpfleger mit Sauerstoffduschen aushelfen können. La Oroya ist eine graue Bergwerksstadt, Huancayo eine Provinzstadt mit Indianermarkt. Unterkunft im *Hotel Huancayo Plaza (35 Zi., Ancash 729, an der P. Huamanmarca, Tel. 064/23 10 72, Fax 23 52 11, Kategorie 3);* im Ort gibt es nur sehr einfache Restaurants. Die Fahrt kann per Bahn an einem Tag hin und per Bus an einem weiteren Tag zurück unternommen werden. Achtung: Die Bahnlinie ist oft unterbrochen!

Iquitos (B 4)

Iquitos (350 000 Ew.) ist nur per Schiff oder Flugzeug zu erreichen. Die kleinere Schwester von Manaus erlebte ihre Blüte während des Gummibooms zur Jahrhundertwende. Der Amazonas ist hier bereits einige Kilometer breit und schlängelt sich in einem Wirrwarr von Armen nach Osten – bis zu seiner Mündung verbleiben noch 3600 km. Das Leben in Iquitos fließt im schwülheißen Regenwaldklima ebenso träge wie der Strom dahin. Von hier aus sind zahlreiche Touren zu Indianerstämmen und Urwaldcamps möglich. Iquitos wird täglich von Lima angeflogen, nach Miami gibt es einmal in der Woche eine Direktverbindung. Flußfahrten von Iquitos nach Tabatinga/Leticia dauern neuerdings mit Schnellbooten nur noch ca. zwölf Stunden. Für Dschungeltouren besonders zu empfehlen: *Complejo Turístico Isabel Loro Parque* am Río Nanay, zu buchen in *Iquitos, Putumayo 373, Tel. 094/23 49 32.*

Essen kann man im *La Terraza* am Ufer mit hübschem Blick und urigem Ambiente *(Maldonado y Napo, Kategorie 3).* Im *Restaurant Hotel Turistas* fühlt man sich wie »Fitzcarraldo«; Blick über den Strom, gute Fischgerichte *(Kategorie 2).* Peruanische China-Küche gibt es bei *Gran Chifa Wai Ming (San Martín 462, Kategorie 3).* Das *Real Hotel Iquitos* liegt am Amazonasufer mit schönem Blick *(30 Zi., Malecón, Tel. 094/23 10 11, Fax 23 62 22, Kategorie 2).* Ebenfalls zu empfehlen: *Hotel Victoria Regia,* Nähe Plaza, komfortabel mit gutem Café *(15 Zi., Ricardo Palma 252, Tel. 094/23 19 83, Fax 23 24 99, Kategorie 2).*

Nazca (A 5)

Seit Erich von Däniken sind die riesigen Muster in der Wüste als Weltwunder erst richtig vermarktet worden. Aber es war das Verdienst der deutschen Mathematikerin Maria Reiche, die die vorkolumbischen Scharrbilder entdeckt und vermessen hat; wozu sie dienten, ist bis heute nicht restlos geklärt – es könnten astronomische Kalender gewesen sein, meint Maria Reiche. Das gigantische Gesamtkunstwerk im Wüstensand, 400 km südlich von Lima, ist nur aus dem Flugzeug richtig zu erfassen. ★ Rundflüge können im nahe gelegenen Ort Nazca, 30 000 Ew. *(Unterkunft im Hotel Nasca-Lines, 30 Zi., Jirón Bolognesi, Reservierung in Lima Tel. 01/52 22 93, Fax 52 21 12, Kategorie 2),* oder in Lima gebucht werden: *Aérocondor, Tel. 01/442 52 15 (auch im Sheraton Hotel),* oder *Aeroíca, Tel. 01/421 66 53*

Trujillo **(A 4)**
Pizarro hat diese Stadt (750 000 Ew., 550 km nördlich) 1536 im Norden Perus begründet und nach seinem Heimatdorf getauft. Noch heute bewundern wir die Eleganz ihrer Anlage, ihrer Paläste und Kirchen, von denen einige beim Erdbeben 1970 beschädigt wurden. Von Trujillo aus kann man zahlreiche Bergtouren in die Anden unternehmen; vor allem aber lohnt sich ein Abstecher in die nur 5 km entfernte Ruinenstadt *Chan Chan,* die Metropole der Chimú-Könige. Chan Chan ist die größte Stadt aus Adobe-Häusern (Lehmarchitektur). Führungen bei: *Trujillo Tours, San Martín y Almagro 301, Tel. 044/23 30 91, Fax 25 75 18.* Essen kann man in den einfachen Lokalen rings um die Plaza. Zum Übernachten empfiehlt sich das *Libertador* an der Plaza de Armas mit gutem Buffet und einem Reisebüro im Haus *(30 Zi., Independencia 485, Tel. 044/23 27 41, Fax 23 56 41, Kategorie 2).*

POTOSÍ/BOLIVIEN

(C 6) ★ Potosí – ein magischer Name: Mit dem Silber, das in Potosí geschürft wurde, hätte man eine Brücke über den Atlantik spannen können. Potosí galt im 17./18. Jh. als die reichste Stadt der Neuen Welt. Vieles aus der damaligen Zeit ist bis heute erhalten; die Stadt steht unter Unesco-Schutz. Potosí (110 000 Ew.) liegt auf 4070 m Höhe – keine andere Großstadt der Welt liegt so hoch – zu Füßen des Cerro Rico, des »reichen Berges«. Bereits die Indianer hatten an dieser Stelle nach Edelmetallen geschürft. 1545 nahmen ihnen die Spanier die Minen ab. Der Cerro Rico wurde im Verlauf der Jahrhunderte wie ein Schweizer Käse durchlöchert, Potosí aber schmückte sich mit Kirchen und Palästen. Im 19. Jh. verfiel Potosí zu einer Geisterstadt. Die Zinnminen und der Tourismus sind heute die Haupteinnahmequellen. Aber immer noch durchwühlen unter Lebensgefahr Indiofamilien den Schatzberg oberhalb von Potosí in 5000 m Höhe und eisiger Kälte, den Hunger betäuben sie mit Kauen von Kokablättern.

BESICHTIGUNG

Altstadt
Das Herz der Stadt ist die *Plaza 10 de Noviembre,* wo wegen des günstigen Mikroklimas die einzigen Bäume wachsen. Rings um die Plaza: das *Kloster Santa Teresa,* die *Kathedrale,* das *ehemalige Rathaus,* das *königliche Schatzamt (Las Cajas Reales)* und die *Münze (Casa Real de Moneda).* Ein halbes Dutzend reich geschmückter Barockkirchen zeugt vom einstigen Reichtum der Stadt.

MUSEUM

Königliche Münze (Casa Real de Moneda)
Das alte Gemäuer erzählt mit seinen Ausstellungen die Geschichte der Minenstadt. Der Besuch ist unbedingt zu empfehlen. *Mo–Sa 9–12 und 14–17, So 9–12 Uhr, Führungen um 9 und 14 Uhr*

RESTAURANTS

Los Escudos
Wird wegen seiner guten Küche gerühmt. *Bolívar 853, Kategorie 2*

El Mesón
Unregelmäßige Öffnungszeiten, gute Küche und feines Interieur. *P. 10 de Noviembre, Kategorie 2*

The Sky Room
❈ Lohnt sich mehr wegen der schönen Sicht über die Stadt als der Speisen wegen. *Bolívar 701, Kategorie 3*

Sumaji Orcko
Volkstümliches Restaurant mit großen Portionen, aber auch chilenischem Wein. *Quijarro 46, Kategorie 2*

HOTELS

Die Hotels in Potosí entsprechen nicht internationalem Standard, sind aber »urig« und preiswert.

Hostal Colonial
Hotel garni in ruhigem Kolonialhaus im Zentrum. *10 Zi., Hoyos 8, Tel. 062/248 09, Kategorie 3*

Turista
Hotel im Zentrum, mit Büro der Fluggesellschaft LAB. *20 Zi., Lanza 19, Tel. 062/224 92, Kategorie 2*

AUSKUNFT

Staatliches Touristenbüro
Cámara de Minería, C. Quijarro, Tel. 062/252 88. Das *Reisebüro Potosí-Tours* an der Plaza veranstaltet auch Exkursionen in die Bergwerke am Cerro Rico.

ZIEL IN SÜDBOLIVIEN

Sucre (C 6)
Sucre und nicht La Paz ist formal die Hauptstadt Boliviens: Dort befindet sich der Oberste Gerichtshof. Ansonsten ist Sucre ein verschlafenes Kolonialstädtchen (112 000 Ew.) rund 100 km nordöstlich von Potosí mit eigenem Flair, mildem Klima, mittlerer Höhe (2790 m), einer Universität (gegründet 1624) und vielen Kirchen. Die wichtigsten Baudenkmäler liegen im Umkreis um die *Plaza 25 de Mayo,* einen intimen, baumbestandenen großen Salon der Stadt. Die bekanntesten Barockkirchen sind *San Miguel, San Felipe Neri* und *Santa Mónica.* Leider sind die Gotteshäuser nur zu unregelmäßigen Zeiten geöffnet. Sucre ist für den Flaneur, der sich Zeit nimmt, um das Leben auf der Straße zu studieren, genau das richtige. Wer genug Energie mitbringt, dem sei der Aufstieg über endlose Treppen auf den ❈ *Cerro Churuquella* empfohlen, wo ein schöner Rundblick über die Stadt und das Gebirge lockt. Zum Essen: *Piso Cero* mit internationaler Küche, guter Service, aber teuer *(Venezuela 1241, Kategorie 1).* Originell das *Kultur Café Berlin,* große Portionen, deutsche Zeitungen, nebenan das Goethe-Institut *(Avaroa 326, Kategorie 3).* Ein Ort, wo sich die Intelligenz trifft, mit internationalen Zeitungen, Kaffee und Snacks, ist das *Bibliocafé Sureña (Ortiz 30, Kategorie 3).* Übernachten kann man z.B. im *Hostal Cruz de Popayán:* schönes Ambiente in einem Kolonialhaus nahe der Plaza; nachts sehr kalt *(20 Zi., C. Loa 881, Tel. 064/317 06, Kategorie 3).* Ebenfalls zu empfehlen ist das *Colonial,* erstes Haus an der Plaza, koloniales Flair, gutes Frühstück *(30 Zi., Tel. 064/247 09, Fax 219 12, Kategorie 2).* Das *Hostal Libertad* hat große Räume, Heizung ist vorhanden; zentral, guter Service, preiswert *(15 Zi., Arce y San Alberto, Tel. 064/231 01, Kategorie 2).*

QUITO/ECUADOR

(**A 3**) Quito (1,1 Mio. Ew.), die Hauptstadt Ecuadors, liegt auf 2850 m Höhe; obwohl die Stadt von schneebedeckten Vulkanen umgeben ist, beträgt die Entfernung zum Äquator nur 22 km. Seinen Namen hat Quito von den Indianern; als sich das Inkareich nach Norden ausdehnte, leistete Quito Widerstand gegen die Invasoren aus dem heutigen Peru. Am Ende gliederte der Inkaführer Huayna Capac das Gebiet in sein Reich ein, heiratete eine Prinzessin des besiegten Stammes und machte Quito zur nördlichen Hauptstadt des Inkastaates. Von den Bauten der Inka blieben nur die massiven Fundamente aus Feld- und Lavagestein übrig, auf denen dann die spanischen Eroberer Kirchen, Klöster und Paläste im ausladenden Barockstil errichteten. 1534 gilt als Gründungsjahr der spanischen Stadt. Gegen Ende des 16. Jhs. war die Bevölkerung in der neuen Kolonialstadt auf 1500 Menschen angewachsen. Man erklärte sie zum Sitz der königlichen *audiencia,* die für Rechtssachen in der neuen Kolonie zuständig war. Wegen seiner vielen Klöster und Kirchen erhielt Quito den Spitznamen »Das Kloster von Amerika«. 1978 wurde die gesamte Altstadt in die Unesco-Liste des Weltkulturerbes aufgenommen. Die Altstadt ist eng umrissen und kann bequem an einem Tag zu Fuß besucht werden. Alle besseren Restaurants, Hotels und Geschäfte befinden sich dagegen in der gesichtslosen Neustadt beiderseits der Avenida Río Amazonas. Quito ist auch Ausgangspunkt für Touren ins Vulkangebiet oder zu den Galápagos-Inseln.

Die *Plaza de la Independencia* ist das Herz der Altstadt. Sie wird umrahmt von *Kathedrale, Präsidentenpalast, erzbischöflichem Palais* und dem modernen *Rathaus.* In der Mitte steht ein *Monument* zum Gedenken an die Unabhängigkeit. Die Grundmauern der Kathedrale stammen aus dem 16. Jh., seither wurde der Bau dreimal erneuert. In einem Seitenaltar befindet sich das *Grabmal* des Freiheitshelden Antonio José de Sucre – nach ihm ist die Landeswährung benannt. Im 400 Jahre alten, recht bescheidenen *Präsidentenpalast* wechselten seit dem 19. Jh. die Regierungen so schnell wie das Wetter, einmal regierten sogar vier verschiedene Präsidenten in nur 26 Tagen. Soldaten in preußisch wirkenden Uniformen stehen Wache. Die *San-Francisco-Kirche* mit dem *Kloster Nuestra Señora de las Mercedes* wurde zu Ehren der Schutzpatronin Quitos im Jahr 1535 gestiftet.

Amadeus
Vornehm mit französischer Küche und Live-Musik ab 23 Uhr. *Coruña 1389 y Orellana, Tel. 02/ 23 08 31 und 56 64 04, Kategorie 1*

Le Bistrot
Gilt als bestes Restaurant Quitos, ab 21 Uhr Live-Musik, französische Küche. *González Suárez 139, Tel. 02/52 36 49, Kategorie 1*

El Ciervo
Das beste deutsche Restaurant von Quito, günstige Preise, gute Lage im Hotelsektor. *Dávalos 270 y Páez, Kategorie 2*

Das Ensemble der Altstadt von Quito steht unter Unesco-Schutz

Mesón de San Isidro

In der Nähe der Stierkampfarena, spanische Küche. *Amazonas y Azcaray, Kategorie 2*

Rincón La Ronda

Die guten ecuadorianischen Gerichte werden gelegentlich von Folkloreshows begleitet. *Belo Horizonte 400 y Almagro, Tel. 02/ 544 04 59, Kategorie 3*

EINKAUFEN

In Quito kann man schöne Stücke indianischer Volkskunst kaufen. Der beste (und teuerste) Laden ist *Folklore von Olga Fisch in den Hotels Colón (Av. Amazonas/ Patria) und Quito.*

HOTELS

Hostería Los Andes

Sehr ruhiges, kleines und preiswertes Hotel. *15 Zi., Muros 146 y González Suárez, Tel. 02/55 08 39, Kategorie 3*

Hilton Colón

Gepflegt und in günstiger Lage. *413 Zi., Amazonas y Patria, Tel. 02/ 56 06 66, Fax 56 39 03, Kategorie 1*

Oro Verde

Erstes Haus am Platz, unter Schweizer Management, eher für Geschäftsreisende. *193 Zi., 12 de Octubre y Cordero, Tel. 02/ 56 64 97, Fax 56 91 89, Kategorie 1*

Tambo Real

Sauber, guter Service, mit Kasino. *150 Zi., 12 de Octubre y Patria, Tel. 02/56 38 22, Fax 55 49 64, Kategorie 2*

SPIEL UND SPORT

Bergsteigen/Trekking

In Quito überschlagen sich die Reisebüros mit Angeboten, die »Straße der Vulkane« zu entdecken und Bergtouren aller Schwierigkeitsgrade durchzuführen. Empfehlenswert ist es, sich vorher im *Nuevos Horizontes Club*

(Colón 2038 y 10 de Agosto, Tel. 02/ 55 21 54) zu informieren.

AUSKUNFT

Staatliches Tourismusbüro Cetur
Eloy Alfaro 1214, Tel. 02/50 75 59, Fax 50 75 64, und Venezuela 976, Tel. 02/51 40 44, Mo–Fr 8–17 Uhr

ZIELE IN ECUADOR

Äquatordenkmal (A 3)

Im Jahr 1736 vermaß eine französische Expedition unter der Leitung von Charles Marie de la Condamine, einem Freund Voltaires, an dieser Stelle zum ersten Mal die Länge eines Breitengrades. Während der Untersuchungen wurden an dieser Stelle die exakte Lage der Äquatorlinie und eine Maßeinheit bestimmt, die schließlich zu unserem metrischen System führte.

Cuenca (A 3)

Die hübsche Kolonialstadt (250 000 Ew.) 450 km südlich von Quito ist noch wenig durch die Moderne verdorben. Besonders stimmungsvoll wird hier das Weihnachtsfest gefeiert. Esel, Maultiere, alles, was vier Beine hat, wird mit Geld und Pretiosen geschmückt und durch die Gassen getrieben. Zahlreiche kleine Restaurants und Hotels in der Stadt, z.B. das *Hotel Conquistador (30 Zi., C. Gran Colombia 665, Tel. 07/83 17 88, Fax 83 12 91, Kategorie 2)*.

Galápagos-Inseln (A 6)

★ Einst Seeräubernest, dann Strafkolonie, seit 1959 unter Naturschutz gestellt, sind die Galápagos-Inseln ein Labor der Natur, wie es das sonst nirgendwo in der Welt zu besichtigen gibt. Der eigentliche Entdecker und Schirmherr dieser vulkanischen Welt im Pazifik war der englische Naturforscher Charles Darwin, der auf den Galápagos seine Lehre von der Entwicklung und Anpassung der Arten bestätigt sah. Die rund 50 Vulkaninseln der Galápagos haben sich vor wenigen Jahrmillionen 1000 km westlich der Küste aus dem Pazifik gehoben; gleichwohl hat sich in dieser relativ kurzen Zeit der Erdgeschichte eine eigene Fauna und Flora aus angeschwemmten Exemplaren des Festlandes entwickelt, die extrem an die Umwelt auf den Inseln angepaßt ist. Besonders spektakulär sind die Riesenechsen, die im Meerwasser leben. Besichtigungen der Galápagos-Inseln sind individuell nicht möglich. Die Naturschutzbehörde hat die Zahl der Besucher beschränkt, um weitere Zerstörungen der Umwelt zu verhindern. 1994 zerstörten Waldbrände große Teile der Vegetation von San Cristóbal, ohne jedoch die Population der Riesenschildkröten ernstlich zu gefährden. Um die Galápagos-Inseln zu besuchen, braucht man Zeit und Geld. Die Standardtouren sehen zwei bis drei Tage vor. Mit dem Flugzeug ab Quito oder Guayaquil nach *Baltra* oder *Puerto Baquerizo Moreno*, von dort weiter per Schiff von Insel zu Insel. Die bequemeren (und besseren) Touren werden mit Kabinenkreuzern durchgeführt. Empfehlenswert: *Quasar Nautica, Av. Shyris 2447, Edificio Autocom, Quito, Tel. 02/ 44 69 96, Fax 43 66 25*

Guayaquil (A 3)

Die »Perle des Pazifiks« und größte Stadt Ecuadors (2,4 Mio.

Ew.) liegt im sumpfigen und schwülheißen Delta des Río Guayas. Über den Hafen laufen Ecuadors Exporte. Touristisch hat Guayaquil wenig zu bieten; von hier sind Flüge zu den Galápagos möglich. Das erste Hotel am Platz ist das *Oro Verde* im Zentrum *(120 Zi., Av. 9 de Octubre/García Morena, Tel. 04/32 79 99, Fax 32 93 50, Kategorie 1).*

Hostería La Ciénega (A 3)
Die Hacienda besteht seit 1580, ihre solide Bauweise – zwei Meter dicke Mauern – hat alle Erdbeben überstanden. 1802 hielt sich hier Alexander von Humboldt auf, 1993 Bundespräsident Richard von Weizsäcker. Die Hacienda liegt in Lasso, 85 km südlich von Quito an der Panamericana. *Tel. 03/71 90 52, Fax 71 91 82*

Indianermarkt Otavalo (A 3)
In der Kleinstadt (21 000 Ew.) ca. 90 km nordöstlich von Quito findet am Wochenende (samstags ist am meisten los) ein bunter Indianermarkt statt. Der beste Ort, um ein wenig Anden-Atmosphäre zu schnuppern und günstig Wollsachen einzukaufen. Organisierte Touren von Quito aus; zahlreiche (primitive) Touristenunterkünfte im Ort.

Parque Nacional Cotopaxi (A 3)
Der Nationalpark liegt ca. 50 km südlich von Quito. Der *Cotopaxi* gilt als höchster (5897 m) aktiver Vulkan; eine Autopiste führt bis auf 4600 m. Besteigung nur mit Ausrüstung und alpiner Erfahrung. Unterkunft im *Hostal Cotopaxi (San Colqui, Tel. 03/31 33 15, Kategorie 3).*

Parque Nacional Sangay (A 3)
Der Nationalpark steht als Kulturerbe der Menschheit unter Unesco-Schutz; die 5000-Meter-Vulkane Tungurahua, El Altar und Sangay (aktiv!) liegen im Park. Zufahrt über Riobamba und Baños. Eindrucksvolles Panorama von Gletschern und Bergwäldern. *Bergtouren mit Führung sind in Quito zu buchen.* In *Baños* mehrere Hotels, das beste ist das *Hotel Sangay (Tel. 03/74 04 90, Fax 74 00 56, Kategorie 2).*

Mutter Natur schuf die Special effects im »Jurassic Park« Galápagos

Amazonasabenteuer, Atlantikstrände, Afro-Rhythmen

Wer dann noch nicht genug hat, fährt mit der Draisine in die Goldminen oder besucht die surreale Hauptstadt

Das größte südamerikanische Land – 40 Prozent der Fläche und fast die Hälfte der Einwohner des Subkontinents – ist in jeder Hinsicht ein Sonderling: »Gigant durch die Gnade der Natur, prächtig, kräftig, unbesiegbar, die Zukunft gehört Dir, wunderbare Erde, Brasilien, geliebtes Vaterland, sanfte Erdenmutter starker Söhne, Brasil!« tönt die Nationalhymne. Aber Brasilien ist auch ein Land mit harten sozialen Kontrasten. Die Geschichte Brasiliens ist anders als die der spanischsprachigen Länder Südamerikas. Die Loslösung vom Mutterland Portugal verlief unblutig: Der portugiesische Königssohn proklamierte sich 1822 zum Kaiser von Brasilien. Erst 1888 wurde die Sklaverei abgeschafft – mit ihr aber auch die Monarchie. Das »Land der Zukunft« machte in den fünfziger Jahren einen großen Sprung nach vorn. Bis heute verfügt Brasilien über die beste technische Infra-

struktur unter allen Ländern Südamerikas. Als Reiseziel ist Brasilien noch gar nicht richtig entdeckt. Vielleicht schrecken auch die Nachrichten über Gewalt und Verbrechen potentielle Touristen ab. Doch im Vergleich zu seinen Nachbarn schneidet Brasilien nicht schlechter ab. Ausführlichere Informationen finden Sie im MARCO POLO Band »Brasilien/Rio de Janeiro«.

BELÉM

(**E 3**) Belém (»Bethlehem«), mit 1,25 Mio. Ew. die Hauptstadt des Bundesstaates Pará, liegt auf einer Halbinsel, die sich wie der Bug eines Schiffes in das Amazonasdelta schiebt. Vom Forte de Castelo schweift der Blick weit hinaus auf die Bucht von Marajó, noch Fluß, schon Meer.

BESICHTIGUNGEN

Altstadt und Markt

»Prüfe das Gewicht« (»Ver-o-peso«) heißt der *Flußmarkt,* aber Sie sollten lieber auf Taschen-

Weltberühmt: die Copacabana

diebe achten. Der Markt bietet so ziemlich alles, was krabbelt, wächst und stinkt in amazonischen Gefilden. Die Altstadt durchziehen schattige Mangobaumalleen, die zum Stadttheater *(Teatro da Paz)* führen sin einem Dutzend barocker Kirchen. Ein Platz zum Verweilen ist das ⁂ *Forte de Castelo* mit einer schönen Aussicht über den kribbelnden Markt und die Baia do Guajará.

MUSEUM

Museu Emilio Goeldi

15 000 Objekte indianischer Kulturen und über 50 000 Pflanzenarten sind hier archiviert. Riesenschlangen, Krokodile und Affen warten im angeschlossenen Zoo auf Ihren Besuch. *Di–Do und Sa 9–12 und 14–17, Fr 9–12, So 9 bis 17 Uhr, Av. Magalhães Barata 376*

RESTAURANTS

Belém ist der richtige Ort, um die Eigenarten der Regionalküche Amazoniens auszuschmecken: zum Beispiel *pato ao tucupi* (Ente mit dem kribbelnden Tucupi-Kraut). Der beste Platz dafür ist das Restaurant *Círculo Militar* neben dem Fort *(Forte do Castelo, Tel. 091/ 22 43 74, Kategorie 2)*. O Outro *(Av. José Malcher 247, Tel. 091/223 12 12)* und *Lá em casa (gleiche Adresse, gleiches Telefon, beide Kategorie 2)* bieten ebenfalls gute Amazonasküche.

HOTELS

Excelsior Grão Pará

Hat schon bessere Tage gesehen. *80 Zi., Av. Presidente Vargas 718, Tel. 091/222 34 34, Fax 224 46 21, Kategorie 2*

Hilton International Belém

Das Fünfsternehotel im Zentrum bietet alles, was man von dieser Kategorie erwarten kann. *361 Zi., Presidente Vargas 882, Tel. 091/ 242 65 00, Fax 225 29 42, Kategorie 1*

AUSKUNFT

Ciatur

Av. Presidente Vargas 645, Tel. 091/223 07 87

ZIELE IM AMAZONASDELTA

Amazonastrip   (D–E 3)

★ Nur abenteuerlustigen Naturen zu empfehlen. Im Gewirr der Planken und Piers am Ufer des Rio Guamá liegen die *gaiolas*. Die bananenkrummen »Vogelbauer« legen zumeist frühmorgens oder abends ab und brauchen, je nach Strömungsverhältnissen, rund drei Tage bis Santarém, eine Woche bis Manaus.

Ilha de Marajó   (D–E 3)

Reiterferien unter Wasserbüffeln auf der Insel Marajó, die größer als die Schweiz ist und mitten im Amazonasdelta liegt. Nur durch örtliche Reisebüros zu organisieren. Sie fliegen mit einem Lufttaxi dorthin.

MANAUS

(C 3–4) Im 19. Jahrhundert explodiert der Kautschukboom, Heerscharen von Abenteurern und Spekulanten folgen dem Ruf nach Manaus, Leticia und Iquitos, fieberverseuchten Nestern, in denen über Nacht Paläste aus italienischem Marmor entstehen. Amazonien – auch heute noch hat dieser Name einen magischen Klang. Tausende folgen den

Staubstraßen und schlammigen Pisten immer tiefer hinein, um dem roten Boden Schätze abzuringen. Schlachtfelder und Brandflecken lassen sie zurück. Die Amazonasromantik, die Sie vielleicht suchen, werden Sie in dieser Stadt nur noch sporadisch finden. Manaus ist heute eine stinkende Industriestadt (1 Mio. Ew.) am Rio Negro. Die sechs, sieben Großraumflugzeuge, die täglich aus São Paulo und Rio de Janeiro einschweben, schaffen weniger Naturschwärmer als »Butterfahrer« heran, die im zollfreien Gebiet dem Konsumrausch verfallen. Wer von Manaus abfliegt, muß deshalb bereits zwei Stunden vor Abflug einchecken und sich wegen der umständlichen Zollabfertigung mit Eselsgeduld zwischen die Kisten und Kartonstapel der Passagiere einreihen.

Aber Manaus ist der Ausgangspunkt für alle Touren am mittleren und oberen Amazonas (bzw. Solimões; so heißt er nämlich bis zur Vereinigung mit dem Rio Negro, an dem Manaus liegt), und selbst mit kleinen Abstechern in die Wasserwüste läßt

sich bereits Amazonien »schnuppern«.

BESICHTIGUNGEN

Alte Markthallen

Die gußeisernen Markthallen aus Liverpool am Flußufer im Zentrum haben schon bessere Zeiten gesehen. Unter ihren Dächern spielt sich vormittags das bunte tropische Treiben ab, argwöhnisch von den Geiern bewacht. Empfindlichen Nasen ist vom Besuch abzuraten.

Schwimmender Pier

★ Das ist der Flußbahnhof von Manaus. In alle Himmels- und Flußrichtungen fahren von hier aus die *gaiolas* ab. Reisende mit Lust auf Abenteuer können sich den Schiffen anvertrauen – am besten mit Hängematte auf dem Oberdeck.

MUSEUM

Teatro Amazonas (Opernhaus)

Trotz Renovierung pfeifen hier eher die Mäuse; wer hat heutzutage noch das Geld für Bühnen-

MARCO POLO TIPS FÜR BRASILIEN

1 Seilbahnfahrt auf den Zuckerhut
Der Blick über Rio de Janeiro verdient drei Sterne (Seite 82)

2 Amazonasfahrt in einer »gaiola«
In einem der charakteristischen Doppeldeckerboote in der Hängematte schaukeln (Seite 76, 77, 79)

3 Süßwassersumpf Pantanal
Ein einzigartiger Freiluftzoo für Vögel, Krokodile und Wasserschweine (Seite 87)

4 Cataratas do Iguaçu
An der Grenze zu Argentinien die wildesten Wasserfälle der Erde, umgeben von tropischem Urwald (Seite 94)

luxus? Die Besichtigung dieses phantastischen Bauwerks der Amazonasromantik sollte man sich nicht entgehen lassen. *Di–So 10–15 Uhr, P. São Sebastião*

RESTAURANT

Wer glaubt, in Manaus auf Schritt und Tritt urige Fischlokale zu treffen, der wird enttäuscht. Aber immerhin gibt es eines, wo Sie die vorzüglichen Amazonasfische probieren können:

Restaurant Caçarola
Av. Maués 188, Tel. 092/233 30 21, So geschl., Kategorie 3

HOTEL BEI MANAUS

Hotel Tropical
Eine einsame Fünfsterneinsel. Tennisplätze, ein Wellenbad und sogar ein eigener zoologischer Garten und eine besondere Anlegestelle am Rio Negro. Als Stützpunkt für weitere Touren in die amphibische Welt Amazoniens ist das Hotel gut geeignet. Direktzubringer vom Flughafen bei Vorbuchung. *601 Zi., Ponta Negra (16 km außerhalb), Tel. 092/*

658 50 00, Fax 658 50 26, Kategorie 1

HOTEL IM URWALD

Interessanter als viele Tage im Ghetto des Luxushotels zu verbringen ist der Aufenthalt in einem der zahlreichen Dschungelhotels und -hütten, die meist per Außenborder von Manaus angesteuert werden. Inzwischen führen fast alle Reisebüros solche Öko-Angebote. Empfehlenswert (und unter Schweizer Führung):

Amazon Lodge
Am Lago do Juma, 100 km von Manaus, ein schwimmender Bungalow inmitten der unberührten Natur, zu buchen über: *Transamazonas (Manaus), Tel. 092/622 41 44, Fax 622 14 20, oder in Rio de Janeiro: Tel./Fax 021/275 65 44. Pro Person und Nacht muß man ungefähr mit 150 Dollar rechnen.*

AUSKUNFT

Emamtur
Av. Paes de Andrade 379, Tel. 092/ 633 28 50, Fax 233 99 73, Mo–Fr 7.30–13.30 Uhr

Amazonasquartier für Abenteurer: Dschungelhütte am Rio Negro bei Manaus

ZIELE IN AMAZONIEN

(**C 3**) ★ Flußtouren auf dem Solimões/Amazonas von unterschiedlicher Dauer bieten fast alle örtlichen Reisebüros in Manaus an. Etwas ganz Besonderes aber ist ein Trip mit der »Tuna« von Safari Ecológico den Rio Negro hinauf. Das Schiff ist ein umgebautes 26-Meter-Boot mit zehn komfortablen Kabinen, Sonnendeck und aller klassischen Amazonasromantik à la Fitzcarraldo. Zu buchen über: *Safari Ecológico, Manaus, Tel. 092/233 69 10, 3-Tage/Nächte-Trip ca. 600 Dollar pro Person*

RECIFE

(**F 4**) Der Nordosten Brasiliens ist ein archaisches Land des weiten Himmels und der kargen Erde. Das Land der *coronéis*, Obersten, der Honoratioren, Großgrundbesitzer und Viehbarone, strenger Herrscher über die Dörfer, den Hof und das Gesinde. Land der Rebellen und Banditen, der Viehdiebe und der Wanderprediger, der Heiligen und Huren, Land der Ärmsten der Armen, der kinderreichen Landarbeiter, der landlosen Tagelöhner. Der schwere Mühlstein des Lebens, die Dürre und Hitze haben die Menschen geformt. Aber der Nordosten hat auch eine phantastische Fassade: 4000 km Atlantikstrand mit traumhaften Palmenoasen und verträumten Fischerdörfern. Metropole des Nordostens, Einfallstor der Charterflieger, Hauptstadt (1,4 Mio. Ew.) der traditionsreichen Provinz Pernambuco ist Recife. Viele kleine Kanäle und Wasserarme durchziehen die Stadt – fast ein brasilianisches Venedig. Statt einfach nur »Riff« trug die Stadt einmal den Namen »Moritzburg«, und die gebildeten Pernambucaner sind heute noch stolz darauf. Denn es war Moritz von Nassau, der im Auftrag der Holländischen Westindischen Compagnie den Landstrich in Besitz nahm, um ihn für den Anbau von Zuckerrohr urbar zu machen.

BESICHTIGUNG

Altstadt

Das alte Zentrum von Recife liegt auf einer Halbinsel, die mit der Hafenvorstadt und der Neustadt durch Brücken verbunden ist. An der Spitze der Halbinsel liegen *Regierungspalast, Theater* und *Gerichtshof.* Die belebte *Avenida Dantas Barreira* führt tiefer ins Herz der Altstadt hinein, das beim Kloster *Convento do Carmo* und auf dem *Pátio de São Pedro* schlägt, einem schön restaurierten Kirchenvorplatz.

MUSEUM

Museu do Homem do Nordeste

Die Geschichte der Sklaverei und Zuckerwirtschaft ist sehr instruktiv dargestellt. Dazu wunderschöne Exponate brasilianischer Volkskunst. *Di–Fr 11–17, Sa/So 13–17 Uhr, Av. 17 de Agosto 2223 (Casa Forte)*

RESTAURANTS

Fisch in allen Variationen – besonders *peixada*, Fischsuppe. Sehr gut:

Bargaço

Av. Boa Viagem 670, Tel. 081/465 18 47, Kategorie 2

Churrascaria O Laçador

Im Strandviertel von Recife; Fleischportionen frisch vom Grill bis zum Platzen. *Visconde de Jequintonha 138, Boa Viagem, Tel. 081/465 85 00, Kategorie 2*

EINKAUFEN

Der Nordosten Brasiliens liefert vielleicht die schönste Volkskunst des Landes. Ein Einkaufsparadies dafür ist das ehemalige Gefängnis, heute *Casa da Cultura*, in der Altstadt. Klöppel- und Stickarbeiten, Holzplastiken und Lehmfiguren, Holzdrucke und Hängematten gehören zum reichhaltigen Angebot.

HOTELS

An Recifes Copacabana, Boa Viagem, liegen die meisten Hotels. Von den sonst recht gleichförmigen Hotelkästen unterscheidet sich wohltuend das Hotel *Castelinho* (»Schlößchen«), *40 Zi., Av. Boa Viagem 4520, Tel. 081/326 11 86, Fax 465 11 50, Kategorie 2.*

AM ABEND

Diskos, Nachtclubs *(boites)* und Nepplokale sind wie überall auf der Welt die bedauerlichen Folgeerscheinungen des Massentourismus, der vor Recife nicht haltgemacht hat. Eindeutige Offerten für alleinstehende Herren gehören dazu. Recife gilt inzwischen leider als »Tip« für Sextouristen.

AUSKUNFT

Sevagtur

R. Setúbal 60 (Boa Viagem), Tel. 081/325 31 77, Fax 341 39 56

ZIELE IM NORDOSTEN BRASILIENS

Natal   (F 4)

Eine weitere Perle in der Kette tropischer Strände. Die Hauptstadt (600 000 Ew.) von Rio Grande do Norte, 300 km nördlich von Recife, hat mit einer fast 100 m hohen ◥◣ Düne, die direkt ins Meer stürzt (Sandski-Fahren!), noch eine besondere Badeattraktion. Viele gute Strandhotels, z.B. *Vila do Mar (210 Zi., Praia de Barreira d'Agua, Av. Dinarte Mariz 4233, Tel. 084/211 60 00, Fax 202 18 99, Kategorie 2).*

Olinda   (F 4)

◥◣ »O… linda!« (»O… hübsch!«), dieser Aha-Effekt über die Schönheit des Ortes, der ihm angeblich den Namen gab, stellt sich für den Besucher auch heute noch ein. Auf einer Anhöhe über dem Meer gelegen, besitzt diese Stadt neben Ouro Preto und Parati das geschlossenste barocke Stadtbild Brasiliens. Die Stadt (340 000 Ew.) liegt nur 7 km vor den Toren Recifes und wird meist von dort per Tagestour angelaufen. Man kann aber auch zwei, drei Tage in Olinda bleiben und sich in Ruhe auf die besondere Atmosphäre einlassen. Bestes Hotel: *Sofitel Quatro Rodas, 195 Zi., Av. José Augusto Moreira 2200, Tel. 081/431 29 55, Fax 431 06 70, Kategorie 1*

São Luís   (E 3)

São Luís (696 000 Ew.) hat ein intaktes koloniales Stadtbild mit vielen gekachelten Häusern und roten Ziegeldächern. Der »Balkon« der Stadt, die ◥◣ *Praça Benedito Leite*, bietet eine hübsche Aussicht über die *Baia de São Marcos*. In São Luís geht es weniger hektisch zu als in anderen brasilianischen Städten vergleichbarer Größe. An der *Praia do Calhao* das schöne Strandhotel *Sofitel Quatro Rodas, 112 Zi., Tel. 098/235 45 45, Fax 235 49 21, Kategorie 1.*

RIO DE JANEIRO

(**E 6**) Bereits einer der ersten europäischen Besucher der Bucht von Rio de Janeiro war so begeistert über die natürliche Schönheit des Ortes, daß er ins Logbuch schrieb: »Tudo és graça que dela pode dizer« – »welch eine Anmut geht von dieser Bucht aus!« Kapitän Tomé de Souza war kein Schwärmer, sondern der erste Generalgouverneur der »Capitanias«. Er hatte geglaubt, die Bucht sei eine Flußmündung; und weil man gerade den Januar 1552 zählte, wurde der Platz Rio de Janeiro, Januarfluß, getauft. Doch erst im 18. Jh. wurde Rio der wichtigste brasilianische Handelsplatz und überflügelte Salvador da Bahia. Als Napoleon Portugal besetzte und der Hof von Lissabon nach Brasilien flüchtete, wurde Rio de Janeiro die Hauptstadt »beider Portugal« und nach der Unabhängigkeit die Hauptstadt des Kaiserreiches Brasilien. 1960 zog die Regierung nach Brasília um. Die letzten 30 Jahre haben Rio de Janeiro arg gebeutelt. Armut und Elend haben sich wie Krebsgeschwüre aus den sumpfigen Barackenstädten bis weit in die Stadt (5,5 Mio. Ew.) und selbst an die Copacabana vorgeschoben. Trotzdem bietet das tropische Rio de Janeiro immer noch ein urban-maritimes Schauspiel, wie es in keiner anderen Metropole auf der Welt zu finden ist.

BESICHTIGUNGEN

Altstadt

◈ Wenigstens einen Tag lang sollte man sich im alten Zentrum von Rio de Janeiro umsehen. So wie der Seilbahntrip auf den Zuckerhut gehört ein Fahrt mit Rios einziger Straßenbahn zum unverzichtbaren Teil eines Stadtbesuchs. Mit der Elektrischen zuckeln Sie durch schöne alte Viertel langsam in kühlere Berggefilde. Und später lassen Sie die Welt an sich in einem der Straßenrestaurants vor dem Stadttheater vorüberziehen.

Botanischer Garten

Eine Oase der Ruhe in der quirligen Stadt und der richtige Ort für Verliebte und Liebhaber der tropischen Natur, die hier ordentlich und sauber wächst. *Tgl. 8 bis 17.30 Uhr, Jardim Botânico, R. Jardim Botânico 920*

Corcovado

◈ Segnend breitet der Art-déco-Christus seine Arme über die Stadt. Vom gut 700 m hohen Corcovado genießt man ein geradezu göttliches Panorama. Eine Zahnradbahn und eine Autostraße führen durch den Bergwald zum Gipfel. *Zahnradbahn tgl. 8–18.30 Uhr, Fahrt einfach ca. 5 Dollar*

Floresta da Tijuca

◈ New York hat seinen Central Park und London seinen Hyde-Park. Aber Rio de Janeiro besitzt mit der Floresta da Tijuca den größten Stadtpark der Welt. Wasserfälle, Granitberge, Regenwald – der Inbegriff dessen, was Europäer unter tropischer Vegetation verstehen. Dort oben auf 500 m Höhe ist es immer einige

Grade kühler als unten an der Küste. Die Floresta da Tijuca ist ein mit Wanderwegen hervorragend erschlossener Nationalpark. *Tgl. 6–21 Uhr, Parkeingang und -verwaltung: Alto da Boa Vista*

Kirchen / Klöster

Als schönste Barockkirche von Rio de Janeiro gilt die des Klosters *São Bento* gegenüber der Ilha das Cobras, dem Arsenal der Marine. Die reichen Schnitzereien der vergoldeten Bögen, Wandverkleidungen und Altäre sind eines der bedeutendsten Gesamtkunstwerke des lusitanisch-brasilianischen Barock. Die nächstbedeutende Anlage ist das Franziskanerkloster *Convento de Santo Antônio,* das mitten in der Stadt über dem *Largo da Carioca* ruht. Seine Kirche wurde im 17. Jh. errichtet; sie besitzt einen Chor mit reicher Schnitzerei. An die Klosterkirche und den erhöhten ⚜ Vorplatz – den Balkon von Rio – angelehnt, befindet sich die bedeutende *Igreja da Ordem Terceira de São Francisco da Penetência,* deren Innenraum ganz mit goldener Täfelung und vergoldeten Schnitzereien überzogen ist.

Paquetá

Schippern Sie mit dem alten Fährboot, das Sie in knapp über einer Stunde auf die »Insel der Verliebten« bringt – zurück können Sie immer noch das schnellere Aerobarco (Tragflächenboot, 20 Min.) nehmen. Kein Auto, kein Motorrad, kein Bus – nur Pferdekutschen und Fahrräder sind auf der verträumten Insel zugelassen; leider sind die Strände verdreckt. *Fähre Paquetá ab P. 15 de Novembro, Pier 1, tgl. etwa*

2stündlich 5.30–22.30 Uhr; Aerobarco (Transtur) ab P. 15 de Novembro, Extrapier, Mo–Fr etwa 2stündlich 10–16 Uhr, Sa/So stündlich 8 bis 17 Uhr

Strände

⚓ Die Perlenkette der berühmten Strände reicht von Leme (Copacabana) bis Leblon (Ipanema), São Conrado, Barra da Tijuca bis Grumari – insgesamt erstrecken sich 30 km Sandstrand innerhalb des Stadtgebietes. Die Copacabana ist der traditionelle Strandabschnitt. Die Wasserqualität läßt indes manchmal zu wünschen übrig, die Sicherheit auch. Für Ipanema gilt das gleiche. Die Barra da Tijuca ist der längste und sauberste Strand.

Zuckerhut

★ Er ist das phallische Wahrzeichen der Stadt: *Pão de Açúcar,* »Zuckerbrot«, nennen ihn die Brasilianer. Der Zuckerhut ist ein 394 m hoher Granitblock, der jäh aus den Fluten ragt. Hinauf kommt man mit der Drahtseilbahn. *Teleférico Pão de Açúcar, tgl. 8–22 Uhr, Ticket ca. 10 Dollar*

MUSEEN

Museu Histórico Nacional

In einem dem Thema entsprechenden kolonial-kaiserlichen Gemäuer. *Di–Fr 10–17, Sa/So 15–17 Uhr, P. Marechal Ancora*

Museu Nacional de Belas Artes

Das Nationale Kunstmuseum neben dem Stadttheater besitzt einen reichen Fundus der Malerei des 19. Jhs. und einige berühmte Werke der brasilianischen Moderne. *Di–Fr 10–18, Sa/So 14 bis 18 Uhr, Av. Rio Branco 199*

Fels in der Brandung: der Zuckerhut

RESTAURANTS

Urige Altstadtlokale, die am Wochenende meist geschlossen sind, die Strandrestaurants der Copacabana mit den leichten Mädchen am Nebentisch, die Schickimicki-Pinten von Ipanema – Rio bietet eine Fülle von gastronomischen Angeboten, wenn auch deren Qualität nicht an das Niveau von São Paulo heranreicht.

Bar Luís

Bierkenner versichern, daß hier der frischeste Stoff aus den Hähnen rinnt; einfaches, lebendiges Ambiente. *R. da Carioca 39, Tel. 021/262 69 00, So geschl., Kategorie 2*

Café do Teatro

In den Katakomben des Stadttheaters, die im Stil des Art déco ausgestattet sind, bei leiser Pianomusik und Kerzenschimmer zu Mittag speisen. *Av. Rio Branco, Tel. 021/262 41 64, nur werktags 11 bis 16 Uhr, Kategorie 2*

Churrascaria Porção Ipanema

Besonders saftiges Fleisch und ein reichhaltiges Buffet. *R. Barão da Torre 218, Tel. 021/521 09 99, Kategorie 2*

Confeitaria Colombo

In der schmalen Rua Gonçalves Dias befindet sich seit 1894 die geheiligte Institution der Cariocas, ein Bistro mit gigantischen Spiegeln aus der Gründerzeit. *R. Gonçalves Dias 32–36, Tel. 021/232 23 00, Sa/So und abends geschl., Kategorie 2*

Le Saint Honoré

Man spricht Französisch, und für das Essen bürgt Paul Bocuse, bloß daß die Portionen landesüblich größer sind. Phantastischer Blick über die ganze Copacabana. *Im Hotel Meridien, Av. Atlântica 1020, Tel. 021/546 08 80, So geschl., Kategorie 1*

EINKAUFEN

Hippiemarkt

Die Straßen Rios sind voll von Kleinhändlern, die dem Fremden ihren bunten Plunder aufdrängen wollen. Manchmal ist sogar etwas Originelles darunter. Wer etwas Besonderes sucht, der sollte am Sonntag den Hippiemarkt in Ipanema besuchen. Kunstgewerbe, Volkskunst und viele Bilder erwarten den Besucher. *So 9–18 Uhr, P. General Osório*

Juwelier H. Stern

Hans Stern, der Juwelier aus Essen, wird sich Ihnen wahrscheinlich bereits im Hotel per Prospekt bekannt gemacht haben. In Rio de Janeiro befindet sich das Zentrum seines Imperiums, und in

Ipanema hat er sogar ein veritables Museum für Edelsteine errichtet, wo man bei der Verarbeitung zusehen kann. Es lohnt sich, diese seltene Gelegenheit zu nutzen. *Mo–Fr 8.30–18, Sa 8.30–12 Uhr, R. Visconde de Pirajá 4490, Tel. 021/259 74 42*

HOTELS

Die meisten Hotels liegen an der Copacabana bzw. in Ipanema.

Arpoador Inn
Das einzige Hotel, das nicht durch eine Straße vom Strand getrennt wird; allerdings sind nur die (einfachen) Zimmer zur Seeseite empfehlenswert. *50 Zi., R. Francisco Otaviano 177, Tel. 021/247 60 90, Fax 511 50 94, Kategorie 2*

Caesar Park
Das erste Haus in Ipanema mit dem üblichen Komfort der fünf Sterne, teuer. *220 Zi., Av. Vieira Souto 460, Tel. 021/525 25 25, Fax 521 60 00, Kategorie 1*

Copacabana Palace
Hier kann man noch so richtig schön altmodisch wie ein gekröntes Haupt residieren, wenn man bereit ist, königliche Preise zu zahlen. *223 Zi., Av. Atlântica 1702, Tel. 021/255 70 70, Fax 235 73 30, Kategorie 1*

Glória
Plüschkomfort ohne den üblichen Meeresblick, zentrumsnah. *609 Zi., R. do Russel 632, Tel. 021/205 72 72, Fax 245 16 60, Kategorie 2*

Sheraton Rio
Einziges Hotel der Komfortklasse mit (allerdings winzigem)

eigenem Badestrand – relativ weit ab von der urbanen Mitte. *561 Zi., Av. Niemeyer 121, Tel. 021/274 11 22, Fax 239 56 43, Kategorie 1*

SPIEL UND SPORT

Alpinismus
Zum Beispiel hoch auf den Zuckerhut: *Centro Excursionista Brasileiro, Tel. 021/252 98 44*

Drachenfliegen
Von der Pedra Bonita (520 m) auf Null. *Brasilianischer Drachenfliegerverein, Tel. 021/220 70 44*

Fußball
Im größten Fußballstadion der Welt *(Maracanã* – 200 000 Plätze); die wichtigsten Spiele sind in der Zeitung angezeigt und können über das Hotel gebucht werden.

Segeln
Boote jeder Größe, mit und ohne Besatzung, direkt bei der *Marina da Glória, Tel. 021/285 45 58.*

Tauchen
Nicht in Rios Bucht, aber im weiteren Umkreis mit fabelhaften Tauchgründen. *Brazildiving, Tel. 021/275 98 64*

AM ABEND

Am Abend ist man in Rio selten allein. Der touristische Einstieg ins Nachtleben geschieht herkömmlicherweise über die Tanzshows der geschmeidigen, kaffeebraunen Mulatinnen. Jede Pariser Revue ist dagegen lendenlahm. Zwei Showpaläste sind: *Scala Rio, Av. Afrânio de Melo Franco 296 (Leblon), Tel. 021/23 94 44 48, ab 20 Uhr, so-*

wie *Plataforma 1, R. Adalberto Ferreira 32 (Leblon), Tel. 021/ 27 44 40 22, ab 20 Uhr.* Diskotheken und Tanzbars finden sich in Copacabana und Ipanema genügend. Vorsicht wegen Gewalttätigkeit (und Aids) ist geboten. Ausgesprochene Rotlichtbars befinden sich rund um die *Praça do Lido (Copacabana).*

Wer miterleben will, wie sich ab Neujahr die Cariocas auf den Karneval vorbereiten, sollte eine Sambaschule (begleitet durch einen Touristenführer) besuchen. Hier die besten: *Estação Primeira de Mangueira, R. Visconde de Niterói 1072, Tel. 021/234 41 29; Académicos do Salgueiro, R. Silva Teles 104, Tel. 021/238 55 64*

AUSKUNFT

Riotur
Av. Princesa Isabel 183, Tel. 021/ 541 75 22, Fax 542 06 94, Mo–Fr 9–18 Uhr

ZIELE IN DER UMGEBUNG UND IM PLANALTO

Brasília (E 5)
In tausend Tagen stampften von 1957 bis 1960 Heere von Bauarbeitern Brasília aus der roten Erde des Planalto Brasileiro. Die Verlegung der Hauptstadt Brasiliens von der dichtbesiedelten Küste in die menschenleere Hochebene grenzte an Größenwahn. Brasília sollte radikal anders sein. Die Architekten der neuen Hauptstadt wollten eine Utopie errichten, eine Metropole von Licht, Luft und Sonne, funktionell wie eine Maschine. Und in der Tat: Wie ein riesiges Flugzeug liegt Brasília (1,8 Mio. Ew.) unter dem tiefblauen Himmel

des Planalto, ein Monument und Museum der vergangenen Zukunft. Den besten Überblick auf das Gesamtkunstwerk gewinnt man vom 🔆 *Fernsehturm.* Die *Esplanada dos Ministérios* und das *Kongreßgebäude* bilden die monumentale (und leere) Mitte dieser Stadt. Am besten schließt man sich einer Stadtrundfahrt an. Die besseren Restaurants finden sich am Beginn des Südflügels im *Setor Comercial Sul 204.* Es gibt kaum empfehlenswerte Hotels. Noch das beste ist *Naoum Plaza Hotel, 190 Zi., Setor Hoteleiro Sul, Tel. 061/226 64 94, Fax 225 70 07, Kategorie 1.*

Búzios (F 6)
🚶 Seit Brigitte Bardot diesen Strandabschnitt 190 km östlich von Rio entdeckt hat, tummelt sich der Jetset an seinen Gestaden. Schicke Restaurants und Boutiquen, komfortable Hotels und Pensionen, es ist alles da, was Saint-Tropez so bietet, plus Palmen und *tropical life.* Zahlreiche gemütliche *pousadas* (Pensionen) laden zum Bleiben ein, z.B. *Barracuda Pousada, 23 Zi., Praia de Manguinhos, Tel./Fax 0246/23 13 14, Kategorie 2.*

Minas Gerais (E 6)
Der Bundesstaat Minas Gerais ist ein stürmisches Landmeer: Die weite Dünung des Planalto Brasileiro türmt sich in immer kürzeren Wellen zu steilen Gebirgsketten in Küstennähe auf. Sklavenjäger und Goldsucher überwanden als erste die Barriere. Als Goldbrocken im Flußsand jenseits der Berge gefunden wurden, gab es kein Halten mehr. Wie Pilze schossen Goldgräberstädtchen in den engen Berg-

San Francisco ist nur eine der 24 Barockkirchen von Ouro Preto

tälern aus dem Boden. Der günstigste Ausgangsort, um das »goldene Herz« Brasiliens und seine Schätze zu besichtigen, ist die Minenstadt *Belo Horizonte* (2 Mio. Ew.), die touristisch allerdings nichts bietet. Die koloniale Bergbaustadt *Ouro Preto* hingegen wurde als »Kulturerbe der Menschheit« unter Unesco-Denkmalschutz gestellt. Sie ist es wert. Wer zählt die barocken Kirchen? Die schönsten Kirchen und Skulpturen stammen von Aleijadinho, dem »Krüppelchen«. Er war der verkrüppelte Sohn einer schwarzen Sklavin und einer der größten Barockkünstler Brasiliens.

Am besten, man folgt seinen eigenen Instinkten oder setzt sich mitten auf den Marktplatz und atmet das besondere Flair dieses brasilianischen Rothenburg ob der Tauber ein. Auf keinen Fall versäumen sollte man das *Museu da Inconfidência (Di–So 12 bis 17.30 Uhr, P. Tiradentes 139)* im alten Stadtpalais. Denn die 65 000-Einwohner-Stadt war die Wiege der brasilianischen Unabhängigkeit. Unterkunft in zahlreichen alten Herbergen und kleinen Pousadas oder im komfortablen ✺ Hotel *Estalagem das Minas Gerais (69 Zi., Rodavia dos Inconfidentes, Tel. 031/551 21 22, Fax 551 27 09, Kategorie 2)* mit herrlicher Aussicht auf die Berge. In Ouro Preto gibt es wegen der vielen Studenten urige Pinten; besonders gut ist die Küche in der *Casa do Ouvidor*

(*R. Conde de Bobadela 42, Tel. 031/ 551 21 41, Kategorie 2*). Mit Halbedelsteinen und Specksteinplastiken rennen die Souvenirhändler dem Touristen nach.

Eine verträumte Miniausgabe von Ouro Preto, nur 12 km weiter, ist *Mariana*. Wer will, kann ab Ouro Preto dorthin mit einer touristischen Kleinbahn fahren (nur am Wochenende). Auf keinen Fall den Besuch einer alten Goldmine versäumen: *Mina da Passagem*, auf halbem Weg zwischen diesen beiden Städten. Mit einer alten Draisine fährt man wie in einen Höllenschlund. Die Führung erklärt nach der Bergfahrt den Prozeß der Goldgewinnung. *Tgl. 9–18 Uhr, 8 km von Ouro Preto (alte Straße nach Mariana), Tel. 031/ 557 12 55*

Von den Bergwerksstädten in Minas Gerais ist *Diamantina* die nördlichste und unberührteste. In ihrer Umgebung wird heute noch nach Diamanten geschürft. *Congonhas, São João del Rei* und *Sabará* sind ebenfalls sehenswerte Kolonialstädtchen.

Pantanal (D 5–6)

★ Der Pantanal ist ein riesiger Süßwassersumpf mit überquellendem amphibischem Leben. Ein Paradies für Angler und Vogelkundler. Krokodile sonnen sich am Ufer, Wasserschweine grasen friedlich neben Störchen, Reihern und Marabus. Auf eigene Faust den Sumpf zu besuchen ist fast unmöglich. Wenigstens drei bis vier Tage muß man einplanen und sich ortskundigen Tourismusunternehmen anvertrauen. Empfehlenswert (und deutschsprachig) als erster Anlauf in Rio: *Hanseatic, R. 7 de Setembro 111, Tel. 021/224 66 72, Fax*

224 54 87, *oder in Brasília: Safari Turismo, SHIS, QI 07, Tel. 061/ 248 39 53*

Parati (E 6)

❀Ein koloniales Kleinod an der Küste auf halbem Weg zwischen Rio und Santos. Außerhalb der Saison (Jan.–April) ist Parati ein stilles, idyllisches Städtchen mit viel Atmosphäre. Von hier aus kann man herrliche Bootsfahrten und Segeltörns in die maritime Welt der »Grünen Küste« unternehmen. Eine urige Übernachtungsgelegenheit ist die *Pousada do Ouro, 26 Zi., R. Dr. Pereira 145, Tel. 0243/71 20 33, Fax 71 13 11, Kategorie 2.*

Petrópolis (E 6)

Der Luftkurort des Kaisers 60 km nordöstlich von Rio. In die kühlen Höhen zog sich im heißen Sommer der Hofstaat zurück. Geblieben sind das *Schloß* (mit historischem *Museum),* die schönen Parks und Alleen und das gepflegte Ambiente einer Residenzstadt. Ein Ausflug nach Petrópolis (260 000 Ew.) lohnt schon wegen der schönen Ausblicke auf der kurvenreichen Fahrt in das ❀*Orgelpfeifengebirge.* Übernachten kann man in der gemütlichen *Pousada da Alcobaça, 11 Zi., R. Agostinho Goulão 298, Tel. 0242/21 12 40, Kategorie 3.*

SALVADOR DA BAHIA

(F 5) Cidade do São Salvador da Bahia de Todos os Santos, das ist der vollständige Name der »Stadt des Erlösers an der Bucht aller Heiligen« mit 2 Mio. Einwohnern. Die schwarze Seele Brasiliens nistet in ihren Mauern. Der Rhythmus, die sinnliche Vitalität und Frömmigkeit Bahias sind die Hefe der brasilianischen Kultur. Der italienische Seebär Amerigo Vespucci, nach dem die Neue Welt getauft wurde, entdeckte Anno 1501 die Vorzüge der weiten, geschützten Bucht. 1549 wurde Salvador gegründet und blieb über zweihundert Jahre lang Hauptstadt des tropischen Reiches, bis im Jahre 1763 Rio de Janeiro die Krone an sich riß. Der Reichtum Salvadors, das Gold seiner prächtigen Kirchen, beruhte auf brutaler Sklaverei. Millionen afrikanischer Sklaven wurden als »schwarzes Gold« aus Afrika verschleppt. Die Sklaverei wurde erst 1888 abgeschafft, aber sie hat bis heute tiefe Spuren in der Volksseele hinterlassen. Dazu gehören sicher auch Charaktereigenschaften wie Gleichgültigkeit gegenüber aufgezwungener Arbeit, Genügsamkeit und Gottvertrauen, vor allem aber die Identifikation mit den uralten afrikanischen Traditionen, Riten und Rhythmen, die den Sklaven die seelische Kraft zum Überleben gaben: Karneval, *capoeira* (Kampftanz) und *candomblé* (religiöser Kult).

BESICHTIGUNGEN

Oberstadt (**Cidade Alta**)

Salvadors Altstadt besteht aus zwei Etagen, die durch einen Lift und einen Schrägaufzug miteinander verbunden sind. Die schönsten Gassen, Plätze und

Aufstrebendes Verkehrsmittel in Salvador: der Lift in die Oberstadt

Kirchen befinden sich in der Oberstadt. Genießen Sie als erstes den Blick vom ✿ »Balkon« Bahias, der *Praça Tomé de Souza,* gleich neben dem Regierungspalast *Palácio Rio Branco.* Von dort schlendern Sie über die *Rua da Misericórdia* zur *Praça da Sé* mit dem *Bischofspalast* und der *Praça Anchieta,* in deren Umkreis sich fünf der schönsten Kirchen Salvadors befinden.

Pelourinho

✝ Den Pelourinho (wörtlich: Pranger), alter Sklavenmarkt und Treffpunkt der Händler, erreicht man über zwei schmale Gassen von der Praça Anchieta bzw. dem Terreiro de Jesus aus. Vom unteren Ende des Pelourinho steigt eine Gasse hoch zum sehenswerten Kloster der Karmeliter *(Convento do Ordem Primeiro do Carmo)* mit seiner schönen Kirche und alten Sakristei.

Unterstadt (Cidade Baixa)

Direkt am Hafen der *Mercado Modelo,* ursprünglich mal ein Sklavenmagazin und später das Zollamt. Das Gebäude ist vollgestopft mit Souvenirläden – und eine Pause im ✿ Terrassenlokal *Maria de São Pedro* mit schönem Blick auf das Treiben im Hafen lohnt sich immer.

Museu da Cidade

Das Museum in einem kolonialen Eckhaus am Pelourinho öffnet dem Besucher die Augen für das dunkle Kapitel der Sklaverei und die kreative Phantasie ihrer Opfer; gleich daneben die *Casa Jorge Amado* zu Ehren des bekanntesten bahianisch-brasilianischen

Schriftstellers. *Di–Fr 10–18, Sa/So 13–17 Uhr, Largo do Pelourinho 9*

Senac

Bahias Küche ist so afrikanisch wie seine Musik. Um einen Überblick zu gewinnen, ist dies der beste Platz. Es handelt sich eigentlich um eine Hotelfachschule in einem schönen Kolonialhaus. Man kann sich selber an einem Buffet die Speisen nach Wunsch zusammenstellen. *Largo do Pelourinho 13, Tel. 071/321 55 02, So-Abend geschl., Kategorie 2*

Solar do Unhão

Ein ehemaliges Magazin mit Zuckermühle und Hauskapelle, direkt am Wasser gelegen; abends Folkloreshow. *Av. do Contorno, Gamboa, Tel. 071/321 55 51, Kategorie 2*

Mercado Modelo

Im Mercado Modelo findet man trotz aufdringlicher Händler alles, was das Herz begehrt: Taschen, Tücher, Spitzen, Musikinstrumente, Kitsch, Krims und Krams. Handeln nicht vergessen!

Convento do Carmo

Das ehemalige Karmeliterkloster in der Altstadt soll als Luxushotel voraussichtlich 1997 wieder seine Pforten öffnen.

Enseada das Lajes

Komfortables Hotelchen auf einem Hügel an der Bucht von Praia do Rio Vermelho. Sehr persönlicher Service. *10 Zi., Av. Oceânica*

511, Morro da Paciência, Tel. 071/
336 10 27, Fax 336 06 54, Kategorie 2

Sofitel Salvador
Superhotel mit Hubschrauber-
lande- und Golfplatz am Leuchtturm von Itapoã, wo die schönsten Strände sind. *195 Zi., R.
Passárgada, Tel. 071/374 96 11, Fax
374 69 46, Kategorie 1*

Tropical da Bahia
Zentral gelegenes Luxushotel
für wohlhabendere Stadtstreuner.
*292 Zi., Campo Grande, P. 2 de
Julho 2, Tel. 071/336 01 02, Fax
336 97 25, Kategorie 2*

Außerdem zahlreiche preiswerte
und saubere Hotels im Strandviertel Itapoã.

SPIEL UND SPORT

Capoeira – der tänzerische
Kampfsport der Sklaven dürfte
für steife Nordländer kaum zu
erlernen sein. Aber warum nicht
einmal Samba und Lambada versuchen? Bei *New Freds, R. Visconde
de Itaborai 125, Amarelina, ab 22
Uhr.* Die Strände von Salvador da
Bahia sind natürlich die eigentli-
chen Plätze für Spiel und Sport.
Es gilt die alte Regel: je weiter
stadtauswärts, desto sauberer. Das
Baden ist erst ab Farol da Barra,

dem Leuchtturm von Barra,
empfehlenswert. Die besten
Strände im Einzugsbereich der
Stadt sind (in Flughafennähe) am
Farol de Itapoã.

AM ABEND

In den vielen Restaurants und
Bars entlang der Strände ist immer etwas los. Auch wenn es inzwischen touristisch organisiert
ist: Die Teilnahme an einer Can-
domblé-Séance sollte man sich
nicht entgehen lassen. Die Hotels
bzw. Reisebüros wissen am besten, welches *terreo* gerade Besucher zuläßt und welche *mãe dos
santos* (Mutter der afrikanischen
Heiligen) sich dazu herabläßt.

AUSKUNFT

Kontik-Franstur
Rua da Argentina 1, Tel. 071/242 04 33

ZIELE IM OSTEN BRASILIENS

Cachoeira (**F 5**)
120 km westlich von Salvador
liegt dieses Kleinod der Kolonial-
architektur und Zentrum der
berühmten Brasil-Zigarrenkul-
tur. In Cachoeira sollte man sein
müdes Haupt in der *Pousada do
Convento* betten, einem ehemaligen Kloster (mit Pool!), *26 Zi.,*

R. Inocencio Boaventura, Tel./Fax 075/725 17 16, Kategorie 2

Porto Seguro   (F 5)

Im Süden Bahias ist Porto Seguro der Ausgangspunkt für die schönsten Strände. Hier hatte Anno 1500 Pedro Álvares Cabral Brasilien entdeckt. Ein Kreuz in der Oberstadt und einige historische Gemäuer wie das alte Gefängnis (heute Rathaus) und ein Kirchlein aus dem 16. Jh. zieren den ❖ »Balkon« der Stadt, der eine schöne Aussicht auf die Strände bietet. Viele Strandhotels; das beste: *Porto Seguro Praia, 106 Zi., Praia de Curuípe, Tel. 073/ 288 23 21, Fax 288 20 69, Kategorie 2*

SÃO PAULO

(**E 6/F 7**) Wie eine Riesenpizza aus Beton und Asphalt dehnt sich die größte Metropole (11 Mio. Ew.) südlich des Äquators nach allen Richtungen aus. In der Großregion von São Paulo leben und arbeiten 20 Millionen Menschen, und dort werden rund 65 Prozent des industriellen Umsatzes von Brasilien erarbeitet. Trotz seiner kosmopolitischen Vielfalt ist São Paulo im Grund eine Provinzstadt geblieben, in der hart gearbeitet und wenig gefeiert wird.

BESICHTIGUNGEN

Altes Stadtzentrum

Ausgangspunkt ist die *Praça da Sé* mit der neogotischen *Kathedrale* und einer gigantischen Metrostation unter dem Pflaster. Von der Praça führt eine Fußgängerzone durch die Schluchten des alten Bankenviertels, über die »Teebrücke« *(Viaduto do Chá),* die ein

ehemaliges Flußtal kreuzt, in dem jetzt nur noch Autoblech fließt, am *Stadttheater* vorbei bis zur *Praça da República.* Von dort ist es nur noch ein Katzensprung zum ❖ *Edifício Itália,* einem der höchsten Gebäude der Stadt. Der Panoramablick von seiner Spitze ist selbst bei Smog eindrucksvoll.

Neues Stadtzentrum

Die *Avenida Paulista* ist der »Broadway« von São Paulo. Wo heute Bankpaläste in den Himmel ragen, standen früher die Villen der Kaffeebarone. In den benachbarten *alamedas,* die zu den exklusiven Villenvierteln *Jardim Europa* und *Jardim América* führen, finden sich die elegantesten Geschäfte und Boutiquen.

MUSEUM

Museu de Arte de São Paulo (**MASP**)

Das größte Kunstmuseum Lateinamerikas beherbergt eine reiche Kollektion europäischer und brasilianischer Werke der Neuzeit. *Di–Fr 13–17, Sa/So 14 bis 18 Uhr, Av. Paulista 1578*

RESTAURANTS

São Paulo ist die größte gastronomische Metropole Südamerikas. Jede Einwanderungswelle brachte ihre eigene Küche mit.

Bassi

Die größten, saftigsten Rindersteaks direkt vom Grill. *R. 13 de Mayo 334, Tel. 011/604 23 75, Mo geschl., Kategorie 1*

Komasushi

Sushi und Sashimi satt; feinste und frischeste Küche. *R. S. Carlos do Pinhal 241, Tel. 011/287 18 20, Sa/So geschl., Kategorie 1*

Mandalun

Ali Babas Wunderküche. *Alameda Itú 1564, Tel. 011/30 64 98 77, Mo geschl., Kategorie 2*

Massimo

Italienischer Pastatempel vom Feinsten. *Alameda Santos 1826, Tel. 011/284 03 11, Kategorie 2*

HOTELS

Fuji Palace

Für alle, die in São Paulo einmal auf japanische Art mit Futon nächtigen möchten; mitten im japanischen Viertel Liberdade. *64 Zi., Largo da Pólvora 120, Tel. 011/278 74 66, Fax 279 90 41, Kategorie 2*

Maksoud Plaza

Das vornehmste (und größte) Hotel mit einem Foyer, das über 20 Stockwerke hoch in den Himmel ragt. *420 Zi., Alameda Campinas 150, Tel. 011/253 44 11, Fax 253 45 44, Kategorie 1*

The Park Lane

Hotel mit Suiten und eigener Küche; fast alle Räume haben eine gute Aussicht über die Stadt. *110 Zi., R. Carlos Sampaio 157, Tel. 011/285 11 00, Fax 285 03 73, Kategorie 1*

AM ABEND

Ein Bummel durch das alte, italienische Viertel *Bixiga* am Abend ist wahrscheinlich der beste Ausklang eines hektischen Tages. Viele kleine Cafés und Bars

Einst strömte hier ein Fluß, heute der Verkehr: Viaduto do Chá

locken zudem mit MPB – Música Popular Brasileira.

Theater

Teatro Municipal, P. Ramos de Azevedo, Tel. 011/223 30 22 – das erste Haus am Platz im Pariser Stil der Gründerjahre.

AUSKUNFT

Gol-Tour

Av. São Luís 187, Tel. 011/256 23 88, Fax 256 25 23

ZIELE IM SÜDEN BRASILIENS

Blumenau (E 7)

Treudeutsch und teutonisch – so gibt sich Blumenau. Für die Brasilianer ist die Stadt (rund 500 km südwestlich von São Paulo) ein Stück Exotik im eigenen Land, für deutsche Besucher eine vergilbte Kopie ihrer Heimat unter tropischem Himmel. Die Gründungsväter dieser Stadt kamen aus Pommern unter der Führung des Braunschweiger Apothekers Dr. Hermann Blumenau. Heute gehören zur Stadt 210 000 Einwohner – und 33 Schützenvereine. Deutsch wird nur noch im Familienkreis gesprochen. Aber die Stadtväter nutzen geschickt die Seppelhosentradition für touristische Zwecke. Zum Beispiel beim gigantischen *Oktoberfest*, dem zweitgrößten der Welt. Das beste Hotel: *Plaza Hering, 132 Zi., R. 7 de Setembro 818, Tel. 047/326 12 77, Fax 322 94 09, Kategorie 2*

Curitiba (E 7)

Die Hauptstadt (1,36 Mio. Ew.) des Bundesstaates Paraná, 330 km südwestlich, gleicht einer kleinen, sauberen Schwester von São Paulo. Vorausschauende Kommunalpolitiker haben aus Curitiba die Musterstadt Brasiliens gemacht, die mit ihren Geschäften, Parks, Trolleybussen und Fußgängerpassagen an eine europäische Großstadt erinnert; das rauhe Klima (viel Regen) paßt dazu. Einwanderer aus Deutschland, Polen, Italien und der Ukraine fanden im 18. und 19. Jh. hier ihre neue Heimat. Originell untergebracht in mehreren original polnischen Holzhäusern ist das *Museum der polnischen Einwanderer (tgl. 6–20 Uhr, Rua Wellington Oliveira Viana)* mit den Erinnerungen ans alte Polen. Der Papst war schon da, daher die Adresse: *Bosque João Paulo II.* Wurst, Kraut und Kartoffeln, die nahrhafte Grundlage der deutschen und polnischen Küche, sind Curitibas Spezialitäten. *Warsóvia* ist das wohl einzige authentische polnische Restaurant südlich von Chicago *(Av. Batel 2059, Tel. 041/242 34 23, Kategorie 2)*. Das *Bavarium Park* bietet eine große Auswahl bayerischer Schmankerl – in einem Glasungetüm, in das fast 2000 Zecher passen *(R. Matheus Leme 4248, Mo geschl., Kategorie 2)*.

Sehr zentral an der *Praça Rui Barbosa* übernachtet man mit gutem Service im *Slaviero Palace (110 Zi., R. Senador Alencar Guimarães 50, Tel. 041/322 72 71, Fax 222 23 98, Kategorie 2)*. Ein komfortables Landhotel 20 km außerhalb ist das *Iguaçu Campestre (49 Zi., Bairro Alto, km 396 an der BR 116, Tel. 041/262 53 13, Fax 262 57 75, Kategorie 2)*.

Ein schöner Ausflug ist eine Zugfahrt nach Paranaguá. Dieselloks haben die Bimmelbahn aus den guten alten Zeiten abgelöst.

Erst geht es durch polnische Dörfer und dann in Spitzkehren und über schwindelerregende Viadukte durch die Küstenkordillere hinab an den Atlantik und ins Hafenstädtchen *Paranaguá* (110 000 Ew.). Die ca. vierstündige Fahrt bietet berauschende Ausblicke. *Abfahrt gegen 8 Uhr, Rückkehr am gleichen Tage (mit Bus) möglich. Reservierung: Tel. 041/23 48 44 41 oder in den besseren Hotels. Karten am Bahnhof ungleich billiger, in der Saison aber meist unmöglich, da schnell ausverkauft.*

Küste   (E 6/F 7)

Eine kurvenreiche Autobahn, die durch die von Regenwald bedeckte Serra do Mar einen Höhenunterschied von fast 1000 Metern überwinden muß, führt zur Badeküste, z.B. nach *Guarujá*. Wenn es in São Paulo regnet, kann an der Küste oftmals das schönste Sonnenwetter lachen. Die Hafenstadt *Santos* (500 000 Ew.) ist etwas für Nostalgiker oder Seeleute.

Porto Alegre   (E 8)

Porto Alegre (1,3 Mio. Ew.), der fröhliche Hafen? Die Stadt muß einmal sehr schön gewesen sein – bis die Autos kamen. Ihnen zuliebe fiel ein Stück gutbürgerlichen Wohlstands unter die Hacke. Geblieben sind ein paar Paläste aus der Gründerzeit, ein kleines, schön renoviertes *Theater,* schattige Plätze unter Palmen und ein großer Park *(Parque Farroupilha).* Porto Alegre ist das Herz und Hirn des südlichsten Bundesstaates Rio Grande do Sul, die Heimat der Gauchos, der freiheitsliebenden Reiter in Stulpenstiefeln und Ponchos, die die riesigen Rinderherden der Pampa

hüten. Man trinkt hier nicht Kaffee, sondern wie in Argentinien Matetee. Das beste Hotel der Stadt ist das *Plaza São Rafael (284 Zi., Av. Alberto Bins 514, Tel. 051/221 61 00, Fax 221 68 83, Kategorie 2).*

Wasserfälle von Iguaçu   (E 7)

★ Im feinen Wasserstaub bricht sich das Sonnenlicht in immer neuen Regenbögen. Wie Smaragde glänzen die nassen Basaltblöcke im satten Moos. Falter gaukeln farbtrunken durch die Luft. Plötzlich hebt sich der Pflanzenvorhang, und mit einem Paukenschlag sprengt eine schneeweiße Lawine geradewegs aus dem Himmel herab und poltert gurgelnd senkrecht in die Tiefe, deren Grund nicht auszumachen ist, denn dichte Wolken wabern von unten hoch und legen sich wie ein kalter Lappen auf die Haut. Mit brüllendem Gesang stürmen im Schnitt 1750 Kubikmeter Wasser pro Sekunde über durchschnittlich 60 m hohe und mehrere Kilometer lange Klippen. Im Lauf der Jahrmillionen hat sich der Strom immer weiter in die Basaltstöcke eines längst erloschenen Vulkans hineingefressen und dabei hufeisenförmige Mulden geschliffen.

Alle Besucher, die zu den Wasserfällen im Dreiländereck von Argentinien, Brasilien und Paraguay reisen, sind von der ungezügelten Wildheit dieses Naturspektakels beeindruckt. Ob man nun auf argentinischer Seite den großen oder den kleinen Rundgang wählt oder auf brasilianischer Seite im gehörigen Abstand das ganze Panorama genießt, mag jeder entscheiden, wie er will. Eines sollte man aber auf keinen

Fall versäumen: dem Teufel in den Rachen zu spucken. *Garganta del Diablo,* »Teufelsschlund«, heißt dieser kochende Kessel gigantischer Wassermassen (ein ein Kilometer langer Steg führt an seinen Rand) die in die Tiefe stürzen und alles, was sie packen, mit ins Verderben reißen – mitunter auch den Steg; wenn er mal wieder nicht begehbar ist, fahren Boote bis zur Aussichtsplattform.

In den Monaten November bis März führen die Katarakte das meiste Wasser, und ihr kühler Hauch wirkt besonders erfrischend in der Hitze, die leicht bis auf 40 Grad klettern kann. Am schönsten ist die Unterkunft im *Hotel das Cataratas* auf brasilianischer Seite, das mit allem Komfort ausgestattet ist und koloniale Atmosphäre vermittelt. *(200 Zi., Rodovia das Cataratas km 28, Tel. 045 / 523 22 66, Fax 574 16 88, Kategorie 1).* Die Promenade am Ufer des Rio Iguaçu mit dem Blick auf die Fälle liegt vor der Tür. Wem das nicht reicht, der kann für rund 50 Dollar wie James Bond im rasanten Hubschrauberflug die Wasserfälle aus der Vogelperspektive genießen. Wer im Kontrast zur Natur ein menschliches Wunderwerk der Technik besuchen will: Der Welt größtes Kraftwerk, *Itaipú,* liegt gleich nebenan. Touristenagenturen und Hotels sind bei der Beschaffung der Besuchsgenehmigung behilflich. Die Wasserfälle von Iguaçu sind täglich mit Linienflügen aus Buenos Aires, São Paulo und Rio de Janeiro zu erreichen. Der brasilianische Flughafen liegt verkehrsgünstiger als der argentinische und wird häufiger angeflogen. Fahren Sie nicht gleich zurück, bleiben Sie lieber einen Tag: Naturerlebnisse lassen sich nicht in ein paar Minuten befehlen.

Von brasilianischer Seite hat man das beste Panorama: Wasserfälle von Iguaçu

Pampa, Parrilladas, Pinguine

Im Zug zu den Wolken oder im Boot um Kap Hoorn

Die drei La-Plata-Staaten Uruguay, Paraguay und Argentinien (strenggenommen gehört nur ein Teil Argentiniens geographisch zum La-Plata-Becken) weisen untereinander mehr Ähnlichkeiten auf als mit dem großen Nachbarn im Norden, mit Chile oder den anderen Andenstaaten. Paraguay und Uruguay gehörten zeitweilig zum Einflußbereich von Buenos Aires.

Argentinien ist nach Brasilien der zweitgrößte Staat Südamerikas. Auf 2,78 Mio. qkm Fläche leben aber nur 33 Millionen Menschen – und davon ein gutes Drittel im Großraum Buenos Aires. 3700 km liegen zwischen der nördlichsten und der südlichsten Stadt des Landes, zwischen dem 22. und dem 55. Grad südlicher Breite mit einer ganzen Palette höchst unterschiedlicher Lebensräume: tropische Regenwälder um die Wasserfälle von Iguazú im äußersten Nordosten, Kakteenwüsten im

Die Casa Rosada in Buenos Aires – steinerne Zeugin nicht nur rosaroter, sondern auch schwarzer Stunden in Argentiniens Geschichte

Hochland der Anden, blaugleißende Gletscherfelder in der südlichen Kordillere, fruchtbares Weideland in der Pampa, die verlorene Windwüste Patagoniens und die tintenblauen Fjorde Feuerlands.

Argentinien gehörte seit 1535 zum spanischen Kolonialreich. Aber die abgelegene Provinz führte ein Schattendasein, weil man keine Edelmetalle fand. Erst als König Carlos III 1776 die Gründung des Vizekönigreiches Río de la Plata beschloß und die Peru begünstigenden Handelsbeschränkungen aufhob, setzte eine rasche Entwicklung ein; sie beruhte auf Viehwirtschaft und Getreideanbau. Die Pampa wurde unter den Pflug genommen, immer weiter schob sich die Zivilisationsgrenze nach Süden und Norden vor. Die Siedler metzelten in zahlreichen Kriegszügen die nomadisierenden Indianerstämme unbarmherzig nieder. Der wachsende Reichtum ließ die *criollos,* die Nachkommen spanischer Siedler, selbstbewußter werden; sie kämpften gegen die Bevormundung durch Madrid und errangen am 9. Juli 1816 mit Hilfe englischer Kanonen die

MARCO POLO TIPS
FÜR DIE LA-PLATA-STAATEN

1 Buenos Aires im Bus
Eine Fahrt mit der Linie 29 – ein billiges und äußerst unterhaltsames Vergnügen (Seite 102)

2 Denkmäler der Mission
Die Kirchenruinen der Jesuiten im Grenzland zwischen Argentinien und Paraguay sind eindrucksvolle steinerne Zeugen praktizierter Nächstenliebe (Seite 113)

3 Perito Moreno am Lago Argentino
Zuschauen, wie der patagonische Gletscher kalbt und dabei Salut schießt (Seite 112)

4 Schaffarm in Feuerland
Besuch auf dem Refugio Tolkeyen am Beagle-Kanal bei Ushuaia – und dabei einen mächtigen *asado fueguino* verspeisen (Seite 116, 117)

Unabhängigkeit. General José de San Martín wird bis heute als großer Nationalheld gefeiert. Aber nach der Unabhängigkeit regte sich der Zwist zwischen der neureichen Metropole Buenos Aires und der ländlichen Peripherie. Zahlreiche Kriegszüge, Revolutionen und Aufstände entzündeten sich immer wieder an dem Konflikt zwischen Stadt und Land. Die *porteños,* die Bewohner von Buenos Aires, sehen auf die »Provinzler« herab; die Landbewohner aber fluchen auf die Großstadt, die das hart erarbeitete Geld verschwendet.

Zwischen 1880 und 1930 lagen die goldenen Jahre Argentiniens. Mit dem Export von Fleisch und Getreide wurden am Río de la Plata ungeheure Reichtümer angehäuft. Millionen arbeitsloser Europäer strömten in das Land. Unter der Diktatur von Oberst Juan Domingo Perón baute der Staat Fabriken. Doch die von oben verordnete Industrialisie-

rung führte nur zu einer Scheinblüte. 1955 trat Perón nach einem Putsch seiner Kameraden zurück. Die folgenden Jahre führten das Land in eine äußerst repressive Militärdiktatur.

Im Krieg mit Großbritannien um die Falkland-Inseln (Malvinas) 1982 erlitt das Regime eine tödliche Niederlage. 1983 trat Raúl Alfonsín als demokratisch gewählter Präsident sein Amt an. Aber ihm gelang es nicht, die Geldentwertung einzudämmen. Einzelne Militärs versuchten mehrfach zu putschen. 1989 trat der Peronist Carlos Menem das höchste Amt im Staat an. Gegen alle Erwartungen gelang es ihm nach mehreren Anläufen, die Inflation zu stoppen, die verkrustete Staatswirtschaft aufzubrechen und eine einigermaßen stabile Wirtschaftsentwicklung einzuleiten. Ausführlicher berichtet der MARCO POLO Band »Argentinien/Buenos Aires« über das Land.

Uruguay, das sich in den dreißiger und vierziger Jahren stolz als »Schweiz Südamerikas« bezeichnete, ist in vielerlei Hinsicht ein kleines Duplikat von Argentinien – vor allem, weil auch hier einmal Fleisch, Wolle und Leder zusammen mit den Arbeitskräften aus Europa Aufschwung und Wohlstand gebracht haben.

Die »República Oriental del Uruguay« ist unter den Staaten Südamerikas ein Zwerg, nur doppelt so groß wie Österreich, aber so flach wie Holland. Die Hälfte der gut drei Millionen Einwohner lebt in Montevideo, der Hauptstadt am Río de la Plata. Jahrhundertelang war Uruguay ein Zankapfel zwischen Spaniern und Portugiesen, zwischen Argentinien und Brasilien und teilweise auch englischen Freibeutern. Mit José Gervasio Artigas, dem nationalen Freiheitshelden, und Juan Antonio Lavalleja erlangte die La-Plata-Provinz 1828 die Unabhängigkeit. Der innere Zwist zwischen den Viehbaronen und den städtischen Händlern ließ das kleine Land lange nicht zur Ruhe kommen. Erst nach einem großen Kompromiß begann der wirtschaftliche Aufstieg der Republik, der sich heute nur noch in protzigen Palästen der Gründerjahre zeigt. Nach einem Jahrzehnt brutaler Militärdiktatur ist auch Uruguay wieder demokratisch geworden.

Caudillos prägten auch die Geschichte Paraguays. Im Panteón Nacional de los Héroes werden die sterblichen Reste dreier Diktatoren bewacht: José Gaspar de Francia, »El Supremo«, der das Land kurz nach seiner Unabhängigkeit vom Rest der Welt hermetisch abschloß; ihm folgte der Neffe Carlos Antonio López, »El Excelentísimo«, ein Anwalt, der in dem Bauernland Dampfmaschinen und Munitionsfabriken einführte; schließlich dessen größenwahnsinniger Sohn, Marschall Francisco Solano López, der Paraguay in einen Krieg gegen die Allianz von Argentinien, Brasilien und Uruguay zwang, in dessen Verlauf drei Viertel der Bevölkerung niedergemetzelt wurden. Seither haben sich die »Colorados« und die »Blancos« als politische Clubs von Großgrundbesitzern und Rechtsan-

Asunción liegt nicht nur in, sondern auch am Paraguay

wälten die Macht geteilt, mal regierten die einen, mal die anderen das Land nach Gutsherrenart. Bis der Chacokrieg mit Bolivien (1932–35) um Erdölvorkommen im Chaco alles durcheinanderbrachte und sich die verfeindeten Cliquen bis aufs Messer bekämpften.

Alfredo Stroessner, der Sohn eines bayerischen Bierbrauers, erhob nach seinem Putsch 1954 die »Colorados« zur einzig erlaubten Partei und schuf sich neben der Armee damit eine zweite Säule seiner Macht. Mit teutonischer Gründlichkeit verfolgte er politische Widersacher, bis sie alle tot oder ausgewandert waren und die Partei der »Colorados« als antikommunistischer Staatssicherheitsdienst auch noch das letzte Dorf kontrollierte. Heute ist Paraguay formal eine pluralistische Demokratie, aber wie lange?

ASUNCIÓN/ PARAGUAY

(**D 6/D 7**) Träge treibt der taubengraue Strom dahin, abgerissenes Strauchwerk und Wasserhyazinthen dümpeln in den trüben Fluten, kein kühler Wind bläht die Segel. Der Río Paraguay hat an einer Biegung Baracken und Bretterbuden wie Treibgut angeschwemmt. In diesem südamerikanischen Nest (1,2 Mio. Ew.) werden Videokameras wie Wassermelonen am Straßenrand feilgeboten. Jede Währung ist willkommen, besonders der Dollar. Fliegende Händler verhökern japanische Uhren, schottischen Whisky und amerikanische Zigaretten.

BESICHTIGUNG

Innenstadt

Das Zentrum liegt im Umkreis der *Plaza de los Héroes* mit dem *Panteón,* einer Miniausgabe des Pariser Invalidendoms, der *Plaza Uruguaya* mit dem uralten, sehenswerten *Bahnhof* und der *Plaza Independencia* mit dem Kongreß. Einige Schritte weiter der etwas düstere *Palacio del Gobierno.*

RESTAURANTS

Bayern-Stuben

Schweinshaxe in der Affenhitze, dazu eiskaltes Bier. *Av. Sucre 2689, Kategorie 2*

Panorámico

Restaurant im 13. Stockwerk mit hübschem Blick über die Stadt. *14 de Mayo 150, Kategorie 2*

La Pergola Jardín

Bereitet internationale Küche mit italienischem Einschlag. *Perú 240, Kategorie 2*

La Preferida

Gepflegtes Restaurant im Hotel Cecilia mit Köstlichkeiten aus aller Welt. *Av. Estados Unidos/25 de Mayo, Tel. 021/21 06 41, Kategorie 2*

HOTELS

Cecilia

Komfortables Mittelklassehotel unter deutscher Leitung. *50 Zi., Av. Estados Unidos 341, Tel. 021/ 21 00 33, Fax 49 71 11, Kategorie 2*

Excelsior

Luxushotel im Zentrum mit Konferenzsälen. *141 Zi., Chile 980, Tel. 021/49 56 32, Fax 49 67 48, Kategorie 1*

Viele Mennonitenfamilien kamen einst aus Preußen in den Urwald

Gran del Paraguay

Stimmungsvolles, einfaches Hotel in tropischem Garten. *66 Zi., Residente y Padre Pucheo, Tel. 021/ 20 00 51, Fax 21 40 98, Kategorie 3*

AUSKUNFT

Staatliches Tourismusbüro

Palma 468, Tel. 021/44 15 30, Fax 49 12 30, Mo–Fr 8–20 Uhr

ZIELE IN PARAGUAY

Mennonitenkolonien (C 6)

Die Straße zieht sich schnurgerade nach Nordwesten hinaus. Die Garnisonen der Hauptstadt bleiben zurück, die Lehmhütten weichen der Monotonie des Gran Chaco, der endlosen Trokkensteppe im Herzen Südamerikas. Krüppelbäume und Dornenbüsche bedecken den Kiesboden wie einen zerlumpten Flickenteppich. An dieses Ende der Welt zogen vor drei Generationen die Glaubensbrüder von Menno Simons, um endlich eine Heimat zu finden. Schönbrunn, Schönwiese, Gnadental und Friedens-

ruh, so tauften die Mennoniten ihre Weiler. Auch ein einfaches Hotel für Besucher, das *Hotel Florida* an der *Avenida Hindenburg* von *Filadelfia,* der »Hauptstadt« der Mennonitenkolonien, ist vorhanden *(Tel. 091/22 58, Kategorie 3).*

BUENOS AIRES/ ARGENTINIEN

(D 8) Buenos Aires, zu Stein erstarrter Tango, Weltschmerz und Melancholie, zerronnene Träume und ein Denkmal mit Wunden. Stadtpaläste und neoklassizistische Kontore erinnern an die goldenen Zeiten, als Argentinien mehr Millionäre beherbergte als Paris. Der Glanz der goldenen Jahre ist abgeblättert, die Patina der luxuriösen Jugend geblieben: Buenos Aires, die alte Diva, die Hauptstadt der Nostalgie. Armutsviertel liegen wie ein schmutziger Gürtel um die Stadt, die vier Millionen Einwohner zählen mag. Aber nimmt man alle Vorstädte und Industrieviertel hinzu, dann kommt man schon auf 13 Millionen *porteños*, die sich als »echte« Argentinier bezeichnen, auch wenn sie vielleicht noch niemals über die Vorstadt hinausgekommen sind.

»Nuestra Señora del Buen Ayre« – Unsere Heilige Jungfrau der guten Luft – ist der vollständige Name, den Pedro de Mendoza 1536 dem Ort gab, wo er wieder sicheren Boden unter den Stiefeln fand. Doch so sicher war dieser Platz nicht, die Indianer machten den Spaniern zu schaffen. Erst im 17. Jh. wuchs aus der kleinen Niederlassung eine Stadt mit Kirchen und Klöstern, die die Jesuiten errichteten. Zur Zeit der Unabhängigkeit (1816) hatte Buenos Aires nicht mehr als 50 000 Einwohner. Doch dann strömten die südeuropäischen Kontraktarbeiter und Handwerker nach Argentinien. Italiener, Spanier, Juden, Araber, Armenier und Weißrussen suchten ihr Glück in der wachsenden Metropole, und alle hinterließen ihre Spuren. Ausführlich berichtet der MARCO POLO Führer »Argentinien/Buenos Aires«.

BESICHTIGUNGEN

Sie sehen überdimensionalen Möpsen doch sehr ähnlich, die *colectivos*, die Busse in Buenos Aires, mit ihrer bulligen, breiten Motorhaube, dieser chromblinkenden Schnauze, mit der sie die Fährte aufnehmen und die Passanten vom Pflaster fegen. Und unter ihrer Blechhaut schlägt ein starkes Dieselherz, das nicht totzukriegen ist.

Nicht einmal einen Dollar kostet das Vergnügen, mit der ★ ✪ Linie 29 vom Stadtteil La Boca bis in die Vorstadt Olivos quer durch Buenos Aires zu fahren. Auf diesem Trip kommt man an so gut wie allen Sehens-

Vom einst bunten Leben am Caminito blieben nur die Farben der Hütten

würdigkeiten der argentinischen Hauptstadt vorbei.

Avenida de Mayo

Die ein wenig heruntergekommene Prachtstraße verbindet den *Kongreß* (eine Kleinausgabe des US-Kapitols) mit dem Präsidentenpalast. Unterwegs kommt man am *Café Tortoni* vorbei, einem Treffpunkt der Boheme vergangener Jahrzehnte.

Die ❂ *Plaza de Mayo* ist das Herz der Stadt. An ihr befinden sich das Rathaus aus dem Jahr 1711, der *cabildo*, die klassizistische *Kathedrale* mit dem Grab des Freiheitshelden San Martín, einige Ministerien und an der Stirnseite die *Casa Rosada*, seit 1887 Amtssitz des Präsidenten. Die Casa Rosada besteht genaugenommen aus zwei Gebäuden: der ehemaligen Hauptpost und dem alten Zollamt. Vom Balkon des Palastes hielt einst Oberst Juan Domingo Perón an der Seite der blonden Evita seine hypnotisierenden Tiraden. Die Plaza de Mayo ist auch der traditionelle Ort politischer Demonstrationen jeder Richtung.

La Boca

Das Hafenviertel südlich von San Telmo ist ein Freiluftmuseum aus der Zeit, in der italienische Fischer, Basken, Kroaten und Galicier Arbeit in den Docks suchten. Aus Wellblech und Holzlatten errichteten sie ihre Häuser. Man hat eine Gasse *(El Caminito)* dieses alten Hafenviertels für die Touristen pittoresk hergerichtet. Aber die Boca gleicht einer geschminkten Leiche. Verwesungsdunst liegt über dem toten Arm des Riachuelo, in dem die Wracks der Kähne und Kutter

versinken. Hier stand die Wiege des Tangos, hier pulsierte vor hundert Jahren das Leben. Zigtausend neapolitanische Arbeiter, andalusische Bauern, baskische Fischer, korsische Hirten und Schauerleute aus Marseille kamen hier durch. Ihre Spuren verlieren sich irgendwo in der Weite des Hinterlandes, im Ozean der Weizenfelder und Viehweiden, im Häusermeer der Stadt, die sich einmal stolz das Paris der Neuen Welt nannte. Heute leben hier die Rentner, die nicht einmal mehr das Geld haben, ihre Wellblechbaracken mit frischer Farbe zu bemalen.

Palermo

Ein ruhiger, reicher Stadtteil am Rande der großen Parks, des *Zoologischen* und *Botanischen Gartens,* die alle einen Besuch lohnen. Besonders stilvoll ist es, sich im Zweispänner herumkutschieren zu lassen. In Palermo befinden sich die schicksten Boutiquen und die teuersten Restaurants. In diesem Stadtviertel praktizieren mehr Seelendoktoren als irgendwo sonst auf der Welt, um reichen Patienten den Weltschmerz zu nehmen.

Recoleta

Der Salon von Buenos Aires, rund um die *Plaza San Martín* mit ihren schattenspendenden Jacaranda-Bäumen und den angrenzenden Botschaftsresidenzen. In nordöstlicher Verlängerung liegt der *Friedhof* von Recoleta: die letzte Ruhestätte aller Betuchten, die über den Tod hinaus durch pompöse Grabpaläste an ihre Bedeutung erinnern wollen. La Recoleta ist ein Inbegriff der argentinischen Nekrophilie; hier liegt auch Evita Perón begraben, der charismatische blonde Engel an der Seite des Obristen.

San Telmo

✤ ⚤ Das einst vornehmste Viertel der Stadt verließen die Bürger Ende des 19. Jhs. wegen einer Gelbfieberepidemie. Zurückgeblieben sind mächtige Herrenhäuser, in denen jetzt arme Emigranten hausen, stimmungsvolle Gassen und Plätze mit Kneipen, Märkten und Kramläden. Rund um die *Plaza Dorrego*, auf der sonntags ein bunter *Flohmarkt* stattfindet, liegt eine Reihe von Cafés, Tangolokalen und Antiquitätengeschäften. San Telmo ist mit seiner behaglichen Atmosphäre ein Viertel der Alternativen, der Boheme und der Kleinbürger. Der *Parque Lezama* liegt nahebei. Tauben und Liebespaare, Hunde und Kinder mögen den Rasen und die schattigen Winkel unter den ausladenden Buchen und bauchigen Lapacho-Bäumen.

MUSEEN

Museo de Arte Hispanoamericano

Hinter der kolonialen Fassade verbergen sich ein kleines Theater, stille Patios und eine üppige Sammlung herrschaftlichen Hausrats vergangener Jahrhunderte. *Di–So 14–19 Uhr, Jan. geschl., Suipacha 1422*

Museo de Arte Lírico

Kostüme und Musikinstrumente des Teatro Colón sind hier zu besichtigen. Es gibt auch Führungen durch die Proberäume und Werkstätten des Theaters. *Mo–Fr 9–16 Uhr, Sa 9–12 Uhr, Jan. geschl., Tucumán 1161*

Museo Histórico Nacional

Niemals hätten die Mackinlays und Ridgleys wohl geträumt, daß ihre Residenz am Rand des Parque Lezama je das Historische Nationalmuseum Argentiniens beherbergen würde. Die argentinische Geschichte in einem englischen Landhaus – das ist nicht ohne Reiz. Der Krieg um die Falklandinseln oder die Islas Malvinas ist ja nur das letzte Kapitel im Katz-und-Maus-Spiel beider Nationen, wobei der britische Löwe – er bewacht noch heute, in Bronze gegossen, das Museum – zumeist den Part der Katz gespielt hat. Die Argentinier sind, so sagen die Spötter, Leute italienischer Abstammung und spanischer Zunge, die Briten sein möchten. *Di–Fr 9–12 und 15 bis 18 Uhr, Defensa 1600*

Museo del Jardín Botánico

Die Sammlung des Botanischen Museums ist eine Augenweide nicht nur für Kakteenfreunde. Das Museum liegt im Botanischen Garten. *Tgl. 10–18 Uhr, Av. Santa Fé 3951*

Museo Nacional de Bellas Artes

Der nationale Kunsttempel Argentiniens beherbergt 300 Klassiker, darunter Manet, Renoir und van Gogh; das Gebäude ist ein ehemaliges Wasserwerk. *Di–So 9.30–19.30 Uhr, Jan. und Feb. geschl., Av. del Libertador 1473*

RESTAURANTS

Auf der ganzen Welt gibt es keinen besseren Platz für Fleischfresser als Buenos Aires. Selbst die kleinen, anspruchslosen Pinten, in denen die Handwerker essen, schaffen es, ein saftiges

Steak auf den Teller zu zaubern. Die Portionen sind gigantisch.

Broccolino

Ein Italiener, der seine Pasta mit allerlei überraschenden Kreationen krönt. Erst ab 21 Uhr geöffnet. *Esmeralda 776, Tel. 01/322 77 54, Kategorie 2*

La Casa de Esteban de Luca

Unter den denkmalgeschützten Mauern in San Telmo tafeln, abends bei Kerzenschein, internationale Küche. *Defensa 1000, Tel. 01/361 43 38, Kategorie 2*

Estilo Campo

Im Stadtteil Olivos: Ziegenbraten, Spanferkel und kreolische Grillplatte – nur abends. *Panamericana (zwischen Pelliza und San Lorenzo), Tel. 01/790 40 97, Kategorie 2*

Las Nazarenas

Berühmt für seine stilvolle Einrichtung, sein gutes Publikum und seine saftigen Riesensteaks. *Reconquista 1132, Tel. 01/312 55 59, Kategorie 1*

Paraíso

Geräumiges Restaurant in der Nähe der Plaza de Mayo; großes Salatbuffet. *Alsina 484, nur Mo–Fr mittags, Kategorie 2*

El Pulpo

Früher eine Matrosenkneipe, jetzt Börsentreff; geblieben sind die Fischgerichte. *Tucumán 400, Tel. 01/311 02 82, Kategorie 2*

El Repecho

In einem alten Patrizierhaus in San Telmo tafeln Sie in einer Atmosphäre wie zu Beginn des Jahrhunderts. *Carlos Calvo 242, Tel. 01/362 54 73, Kategorie 2*

El Vagón

🕺 Beliebtes Studentenlokal mit großen Portionen; Interieur einer alten U-Bahn-Station. *Junín 731, Kategorie 3*

EINKAUFEN

Für Antiquitätenspürhunde gibt es nichts Schöneres, als die drei Dutzend Depots und Läden in der Hauptstraße von San Telmo, der *La Defensa*, abzugrasen. Die Preise sind bisweilen noch niedriger als in Europa. Für Lederjacken, Pullover und T-Shirts ist die Fußgängerzone *Florida* ein einziges Dorado; allerdings verdrängt die Hongkong-Produktion mehr und mehr echt argentinische Produkte. An der Ecke *Florida/Córdoba* sind die *Galerías Pacífico* eine besondere Attraktion. Nach dem Vorbild der Mailänder Galleria Vittorio Emanuele kann man hier unter prachtvollen Fresken und gläsernen Kuppeln flanieren und die (teuren) Schaufensterauslagen internationaler Konfektion bewundern.

HOTELS

Alvear Palace

Schöner, alter Palast mit Dachgarten im Viertel Recoleta. *300 Zi., Av. Alvear 1891, Tel. 01/804 40 31, Kategorie 1*

Hotel Avenida

Leicht vergammelter Charme, aber sauber. In der Nachbarschaft zahlreiche andere einfache Hotels mit Patina. *34 Zi., Av. de Mayo 623, Tel. 01/342 56 64, Kategorie 3*

Conquistador

Modernes Innenstadthotel; 130 Zimmer mit Blick auf die Avenida 9 de Julio. *Suipacha 948, Tel. 01/328 31 12, Fax 328 32 52, Kategorie 1*

Marriott Plaza

Grandhotel, erbaut 1909 neben dem ersten Wolkenkratzer (Edificio Kavanagh) an der Plaza San Martín; distinguierter Service. *320 Zi., Florida 1005, Tel. 01/ 318 30 00, Fax 318 30 08, Kategorie 1*

San Antonio

Altes, gemütliches Plüschhotel im Zentrum. *32 Zi., Paraguay 372, Tel. 01/312 53 81, Kategorie 2*

AM ABEND

Die *porteños* sind Nachteulen. Die Restaurants füllen sich meistens erst ab 22 Uhr. Korrekte Kleidung ist angesagt. Zahlreiche Treffpunkte der Boheme besonders in *Palermo* und *Recoleta.* Diskotheken ebenso wie Tanzlokale (teilweise mit Tangounterricht) in fast allen Vierteln, besonders in *San Telmo.* In der Fußgängerzone *(Lavalle / Florida)* zahlreiche Kinopaläste mit den neuesten Hollywood-Produktionen. Wer die Oper liebt, darf auf keinen Fall einen Besuch im *Teatro Colón* versäumen (die Theatersaison beginnt im März, *Karten: Tel. 01/382 54 14).* Wer länger in Buenos Aires bleibt, möchte vielleicht Tango lernen: *Tangoschule Bingu Pugliese, Cochabamba 444 (San Telmo), Tel. 01/ 361 90 50.* Tangolokale öffnen meistens erst ab 22 Uhr – dann aber bis zum Morgengrauen.

Bar Sur

Mit bewußt bewahrtem Schmuddellook. *Mo–Sa ab 22 Uhr, San Telmo, Estados Unidos 299, Tel. 01/362 60 86*

Café Homero

⚐ Seit zehn Jahren *das* Tango-Konzerthaus. *Nur Fr-/Sa-Nacht, Palermo, Cabrera 4946, Tel. 01/ 773 19 79*

La Casa de Aníbal Troilo

✷ Ein Tanzschuppen fürs reifere Volk. *Nur Fr-/Sa-Nacht, San Cristóbal, Carlos Calvo 2540, Tel. 01/ 308 17 34*

AUSKUNFT

Staatliches Tourismusbüro

Av. Santa Fé 883, Tel. 01/312 22 32, Mo–Sa 9–20 Uhr

ZIELE IN DER UMGEBUNG

Luján (D 8)

Der Wallfahrtsort (30 000 Ew.) mit dem Bildnis der Heiligen Jungfrau und Patronin Argentiniens liegt 65 km westlich in der Pampa und kann in ca. 90 Minuten mit der Eisenbahn (Once-Station) besucht werden. Zur ✷ Prozession am 8. Mai kommt die gesamte Prominenz hinaus. Sonst schlägt hier der träge Rhythmus der Provinz. In einem *Heimatmuseum* neben der neogotischen *Kathedrale* eine Sammlung aus der Pampa-Geschichte. Empfehlenswertes Hotel: *La Paz (40 Zi., 9 de Julio 1054, Tel./Fax 0323/240 34, Kategorie 2).* Es gibt zahlreiche kleinere, anspruchslose Kneipen.

Mar del Plata (D 9)

✷ Zum Jahreswechsel erwacht die Hafenstadt (520 000 Ew.) 400 km südlich von Buenos Aires (sechs Stunden Busfahrt; mehrere tägliche Flugverbindungen) aus ihrem Dornröschenschlaf und wird zu einem Super-Travemünde, in das sich Millionen von Argentiniern ergießen, um eine menschliche Robbenkolonie zu bilden. Westlich wie östlich der Meeresmetropole reihen sich weitere Ferienkolonien aneinander. Unterkunft: *Gran Hotel Provincial (460 Zi., Bulevar Marítimo 2500, Tel. 023/91 63 76, Fax 91 58 94, Kategorie 1).* Mittelklasse: *O Sole mio (60 Zi., Av. Independencia 1277, Tel. 023/266 85, Kategorie 2).* Zahlreiche Fischlokale und italienische Restaurants; empfehlenswert z. B.: *El Viejo Pop (Martínez de Hoz/12 de Octubre, Tel. 023/80 01 47, Kategorie 1)* oder *Tempone's (italienische Küche), Santiago del Estero 1330, Tel. 023/92 20 30, Kategorie 3.*

San Antonio de Areco (D 8)

In der 110 km nordwestlich gelegenen Kleinstadt (zwei Stunden Busfahrt von Buenos Aires) scheint die Zeit im 17. Jh. stehengeblieben zu sein. Aus dieser Gegend stammen die großen Epen der Lagerfeuer und Viehhirten, denen José Hernández mit »Martín Fierro« ein literarisches Denkmal gesetzt hat. Vom 10. bis 12. November findet dort alljährlich das größte ==Gaucho-Festival== des Landes mit Rodeos und Umzügen statt. Um das Leben in der Pampa zu schmecken, sollte man ==ein paar Tage auf einer Estancia verbringen==; empfehlenswert: *La Bomba (Tel. 0326/40 53)* oder *Los Patricios (Tel. 0326/38 23).*

Tigre-Delta (D 8)

❖ An den Sommerwochenenden ziehen Heerscharen hinaus in ihr Freizeit-Venedig, ein (mückengeplagtes) Schrebergartenparadies im Tigre-Delta, 30 km nördlich des Zentrums. Durch die unzähligen Kanäle und Wasseradern prustet und paddelt das Leben. Am besten fährt man mit einem der zahlreichen Ausflugsboote durch das Wasserlabyrinth und steigt da aus, wo es einem gefällt. Mit dem (heruntergekommenen) Vorortzug der Ferrocarril Mitre ab Bahnhof Retiro kommt man in rund 45 Minuten preiswert (2 Dollar) direkt an die Anlegestelle der Boote. Sonntags dort auch munteres Markttreiben. Auf der *Isla Paraná de las Palmas* kann man sich beim urigen ==Landgasthof Tropezón== *(Kategorie 2)* absetzen lassen.

CÓRDOBA/ ARGENTINIEN

(C 8) In den Mauern der alten Universitätsstadt (1,2 Mio. Ew.), 1573 gegründet, wohnen der Geist und die Kultur einer Epoche, in der die Jesuiten prächtige Kirchen und Klöster bauten. Córdoba bezeichnet sich stolz als kulturelles Zentrum Argentiniens: 80 000 Studenten sorgen für eine ausgelassene Atmosphäre auf den Gassen der Innenstadt. Neben akademischen Instituten haben sich Papierfabriken und Autoproduzenten in Córdoba niedergelassen.

BESICHTIGUNG

Bei einem Bummel rund um die *Plaza San Martín* erschließt sich das schöne koloniale Stadtbild mit der 1782 geweihten *Kathedrale,* dem *Kloster* und der *Kirche Santa Teresa* (17. Jh.), der Jesuitenkirche *(Iglesia de la Compañía de Jesús)* und der bereits 1613 von Jesuiten gegründeten Universität *(Colegio Nacional de Montserrat).*

In der Innenstadt gibt es zahlreiche Studentenlokale und Cafés.

Empanadería La Alameda

❖ Studententreff (besonders abends ab 22 Uhr) mit preiswerten Schnellgerichten. *Obisbo Trejo (nahe Universität), Kategorie 3*

Guccio

Elegantes Restaurant mit internationaler Küche. *Av. Hipólito Irigoyen 81, Kategorie 2*

La Mamma

Beste italienische Küche in Córdoba. *Marcelo T. de Alvear/Santa Rosa, Tel. 051/22 83 30, Kategorie 2*

Crillón

Vornehmes, leicht verstaubtes Hotel mit 120 Zimmern. *Rivadavia 85, Tel. 051/24 91 00, Kategorie 1*

Windsor

Komfortables, zentral gelegenes Hotel. *60 Zi., Buenos Aires 214, Tel./Fax 051/22 40 12, Kategorie 2*

Kammerkonzerte, Theateraufführungen und Vernissagen – das kulturelle Angebot von Córdoba kann sich sehen lassen. Musikkneipen und Pubs *(Pulpería El Viejo Rincón, Dumesnil/Mendoza)* mit studentischer Boheme gehören dazu.

Dirección Provincial de Turismo

Tucumán 25, Tel. 051/23 32 48, Mo–Sa 9.30–13 und 16–20 Uhr

Sierra de Córdoba   (C 8)

☀ Westlich der Stadt erhebt sich die bis auf fast 3000 m ansteigende Sierra mit zahlreichen Ausflugsorten. Einer davon ist *Villa General Belgrano*, in dem sich viele deutsche Einwanderer niedergelassen haben; zahlreiche Chalets und Pensionen sind vorhanden. Ebenso idyllisch ist die alte Jesuitensiedlung *Alta Gracia* (40 000 Ew.) mit ihrer hübschen *Barockkirche.*

MENDOZA/ ARGENTINIEN

(C 8) Mendoza (600 000 Ew.) wurde 1561 gegründet, aber 1861 von einem Erdbeben zerstört. Die moderne Stadt am Osthang der Anden ist das Zentrum des argentinischen Weinanbaus. Zahlreiche Kellereien laden den Gast zu Weinproben und Kellerbesuchen ein. In der letzten Märzwoche ist die Stadt wegen des Weinfestivals von Besuchern überlaufen. Durch Mendoza führen alle Wege über den Andenpaß (Scheitelhöhe 3842 Meter) nach Chile.

Enoteca La Colina de Oro

Das Weinmuseum der größten Winzerei am Ort wird auf Anfrage beim Tourismusbüro interessierten Besuchern geöffnet. Der Besuch der örtlichen Weinkellereien ist eine besondere Attraktion – das Tourismusbüro kennt die wechselnden Öffnungszeiten und Weinprobetermine. *Tel. 061/97 20 90*

RESTAURANTS

Arturito
Parrillada mit einladender Atmosphäre. *Av. Las Heras 475, Tel. 061/21 70 89, Kategorie 2*

Vecchia Roma
Uriges italienisches Lokal mit hausgemachter Pasta. *Av. España 1619, Tel. 061/25 14 91, Kategorie 2*

HOTELS

Aconcagua
Bestes Haus am Platze, modern. *160 Zi., San Lorenzo 545, Tel. 061/ 20 44 55, Fax 29 83 96, Kategorie 2*

Gran Hotel Ritz
Ordentliches Haus mit 39 Zimmern. *Perú 1008, Tel. 061/23 16 04, Fax 23 51 15, Kategorie 2*

AUSKUNFT

Staatliches Tourismusbüro
San Martín 1143, Tel. 061/20 28 00, Fax 20 22 43, Mo–Sa 9–12 und 17–19 Uhr

ZIEL IN DER UMGEBUNG

Aconcagua/Andenpaß   (C 8)
❉ Der Traum aller Bergsteiger ist es, den Gipfel des höchsten Andenberges, des Aconcagua (6960 m), zu erklimmen. Aber dazu braucht man Zeit (mindestens zehn Tage), eine gute Kondition, viel Erfahrung und einen kundigen Führer. Informationen beim *Club Andinista, Pardo/Lemos, Mendoza,* oder im Tourismusbüro. Weniger trainierte Reisende können die Anden per Bus/Auto überqueren (die Bahnlinie ist seit Jahren zerstört); romantischer ist es, auf dem Pferderücken und unter freiem Himmel das Gebirge zu bewältigen. Buchungen bei *Feeling Turismo, Buenos Aires, Alem 762, Tel. 01/311 94 22*

MONTEVIDEO/ URUGUAY

(**D 8**) Montevideo (1,3 Mio. Ew.) ist die kleine Schwester von Buenos Aires, die von sich behauptet, sie habe den Tango erfunden. Als Fernão de Magalhães 1519 einen Hügel an der Mündung des Río de la Plata entdeckte, soll er ausgerufen haben »Monte vido eu« – »ich sehe einen Berg«. Aber erst im 18. Jh. wurde aus dem Ankerplatz eine richtige Hafenstadt. Rund die

Montevideos Plaza Independencia läßt noch einiges ahnen von der Pracht der einstigen »Schweiz Südamerikas«

Hälfte aller Uruguayer lebt hier – viele Beamte und noch mehr Rentner. Montevideo, die einzige Stadt Lateinamerikas, in der es weniger Kirchen als Krankenkassen gibt. Den Anschluß an die Weltgeschichte hat Montevideo längst verpaßt. Die protzigen Paläste aus der Zeit, in der mit Wolle und Fleisch Vermögen angehäuft wurden und europäische Emigranten hereinströmten, bröckeln still vor sich hin.

BESICHTIGUNG

Innenstadt
Über die *Avenida 18 de Julio,* die Haupteinkaufsstraße der Stadt, stößt man zur windigen *Plaza Independencia* mit dem *Artigas-Mausoleum* in der Mitte und dem verrücktesten Zuckerbäckerpalast Südamerikas: dem 26 Stockwerke hohen *Palacio Salvo* (1928). Unauffällig in der Südwestecke liegt das kleine, neoklassizistische *Teatro Solís.* An der Westseite der Plaza schreitet man durch ein Tor in die Altstadt, die mit ihren zahlreichen engen Gassen ein wenig koloniale Atmosphäre bewahrt hat; besonders hübsch ist die von Platanen beschattete *Plaza Zabala.* Von ihr steigt man hinab zum Hafen und zum stimmungsvollen *Mercado del Puerto.*

RESTAURANTS

Zahlreiche volkstümliche *parrilladas* haben sich in den alten, gußeisernen Hallen des *Mercado del Puerto* niedergelassen.

Del Ferrocarril
Im ehemaligen Bahnhof große Steaks und gute Salate. *Río Negro 1746, Kategorie 2*

El Panorámico
Im obersten Stockwerk des Rathauses, internationale Küche und Rundblick über Montevideo. *Soriano 1375, Kategorie 2*

EINKAUFEN

Montevideo ist ein Dorado der Flohmärkte und Antiquitätengeschäfte. *Sonntags in den Gassen um die C. Tristán Narvaja*

HOTELS

Casino Carrasco
Luxuriöses Traditionshotel am sehenswerten Kasino im Stadtteil Carrasco mit seinen Stränden. *105 Zi., Rambla México, Tel. 02/ 61 05 11, Fax 61 65 04, Kategorie 1*

Embajador
Modernes, großzügiges Hotel mit gutem Service. *107 Zi., San José 1237, Tel. 02/92 00 12, Fax 92 00 09, Kategorie 2*

Victoria Plaza
Groß und protzig nimmt der Wolkenkratzer die Breitseite der Plaza ein; Superblick vom Dachgarten. *234 Zi., P. Independencia 759, Tel. 02/92 01 11, Fax 92 16 28, Kategorie 1*

AM ABEND

Nette Kneipen und Cafés an den *Ramblas,* der Strandpromenade; außerdem einige Tangolokale, z. B. *La Vieja Cumparsita, Gardel 1181*

AUSKUNFT

Touristeninformation
Im Kiosk auf der *Av. Libertador 1409, Tel. 02/90 02 35 oder 91 53 86. Mo–Fr 8–20, Sa 8–14 Uhr*

Colonia del Sacramento (D 8)

Das verschlafene Nest am Río de la Plata war einmal eine portugiesische Festung. Ein hübscher kolonialer Stadtkern ist erhalten. Beste Unterkunft: *15 Zi., Posada del Gobernador, 18 de Julio 205, Tel./Fax 0522/30 18, Kategorie 2*

Punta del Este (E 8)

☨ Das Sylt von Südamerika zieht zwischen Weihnachten und Ostern die betuchten Argentinier an. Saubere Strände, Kiefernwälder und reetgedeckte Häuser, Hotels und Restaurants (nur in der Saison geöffnet). Punta del Este (10 000 Ew.) liegt eine Autostunde von Montevideo. Ein schönes Seehotel ist das *Amsterdam, 50 Zi., El Foque (C. 14) 638, Tel. 042/ 441 70, Fax 412 11, Kategorie 1.*

PARQUE NACIONAL LOS GLACIARES/ ARGENTINIEN

(B 11) Im andinen Südpatagonien wartet ein geologisch-glaziales Weltwunder auf den Reisenden. Der Parque Nacional Los Glaciares mit dem kleinen Ort El Calafate am Lago Argentino verdient unbedingt einen Besuch. Im Pleistozän bedeckten mächtige Eismassen den Südzipfel des Kontinents. Diese Eispanzer haben die Erde geschliffen und umgegraben. Nach Ende der Eiszeit blieben Moränenhügel und Schmelzwasserseen zurück. Aber immer noch lagert auf den patagonischen Anden fünfmal mehr Eis als auf allen Alpengletschern zusammen. Fast alle Gletscher

Eine Eisbombe im wahren Sinn des Wortes: Perito-Moreno-Gletscher

befinden sich auf dem Rückzug – der 23 km lange und 4 km breite ★ *Perito-Moreno-Gletscher* nicht. Er rückt sogar noch weiter vor und trennt dabei einen Wasserarm des *Lago Argentino* vom übrigen See ab.

Das Wasser jenseits dieser Eisbarriere steigt unaufhörlich, bis es mit einem Riesengetöse eine Bresche sprengt. Dieses einmalige Schauspiel tritt alle drei bis vier Jahre ein. Wanderpfade führen durch den lichten Südbuchenwald bis unmittelbar an die Gletscherwand, die einen eisigen Hauch ausstrahlt und in deren blauem Eis es rieselt und knackt. In unregelmäßigen Abständen ertönt ein Donnerschlag – und man sieht aus gehörigem Abstand, wie tonnenschwere Eisstücke abbrechen und mit meterhohen Fontänen in das taubenblaue Wasser des Lago Argentino versinken.

Ausgangspunkt aller Touren in die Gebirgs- und Gletscherwelt rings um das bizarre Fitz-Roy-Massiv ist der kleine Ort *El Calafate* (3000 Ew.) am Lago Argentino. In der Sommerzeit ist es wegen der vielen Touristen schwer, Unterkunft zu finden. Mit Fokker-Flugzeugen wird Calafate von Río Gallegos angeflogen; interessanter ist die fünfstündige Busfahrt durch die windige Steinsteppe Südpatagoniens. Zahlreiche Reisebüros in Calafate organisieren Ausflüge zum Perito-Moreno-Gletscher und Wander- und Trekking-Touren in die Anden. Es gibt nur einfache Pizzabuden und Imbißstuben; besser sind die Restaurants in den Hotels: *Posada Los Alamos* – bestes Hotel am Ort mit Tennisplatz, Restaurant und einer abendlichen Informationsshow,

(82 Zi., Moyano/Bustillo, Tel. 0902/ 911 44, Fax 911 86, Kategorie 1) – und *La Loma,* gutes, modernes Hotel mit mehrsprachigem Personal und gutem Restaurant *(54 Zi., Roca/15 de Febrero, Tel. 0902/ 910 16, Kategorie 2).*

Das *Tourismusbüro* liegt an der *Brücke über den Río Calafate;* es ist nur unregelmäßig geöffnet, aber freundlich.

Ausführlicher berichtet der MARCO POLO Führer »Feuerland/Patagonien«.

POSADAS/ ARGENTINIEN

(**D 7**) Die Hauptstadt (141 000 Ew.) der im äußersten Nordosten Argentiniens gelegenen Provinz Misiones mit täglichen Flugverbindungen nach Buenos Aires ist der geeignete Ausgangspunkt, um die Baudenkmäler der Jesuitenreduktionen und die spektakulären Wasserfälle von Iguazú zu besichtigen. Die Stadt am Río Paraná bietet selber wenig Attraktives.

RESTAURANT

La Querencia
Teures, aber gutes Lokal. *Bolívar 322, Kategorie 1*

HOTELS

City
Einfaches Hotel, Zubringerdienst zum Flugplatz. *110 Zi., Colón 280, Tel./Fax 0752/339 01, Kategorie 3*

Posadas
Hotel mit gutem Service. *70 Zi., Bolívar 272, Tel. 0752/408 88, Fax 302 94, Kategorie 2*

ZIELE IN DER UMGEBUNG

Jesuitenreduktionen (E 7)

Von Posadas aus sind die eindrucksvollen Ruinen der ★ Jesuitenreduktionen mit Linienbussen problemlos zu erreichen. *San Ignacio Mini* ist besonders berühmt wegen seiner Bauwerke aus Buntsandstein und Basalt, seiner Arkadengänge und der sakralen indianischen Malereien. Vom Beginn ihrer Missionstätigkeit bis zu ihrer Vertreibung 1767 lieferten die Städte der Jesuiten-Padres Stoff für Legenden. Ziemlich sicher ist, daß die jesuitischen »Reduktionen« mit ihrer indianischen Bevölkerung eine Art urkommunistische Wirtschaft betrieben, die ihnen durch den Anbau von Mate und durch Viehzucht einen gewissen Wohlstand einbrachte und den Neid der Nachbarn hervorrief. Berühmt waren die Siedlungen auch wegen der musikalischen und handwerklichen Fertigkeiten ihrer Bewohner. Die Grenzkriege zwischen Argentinien, Paraguay und Brasilien Anfang des 19. Jhs. zerstörten schließlich die meisten Kulturdenkmäler aus der Missionszeit.

Wasserfälle von Iguazú (E 7)

Die Katarakte, die zu den berühmtesten Naturdenkmälern der Welt zählen, liegen im Dreiländereck von Paraguay, Brasilien und Argentinien. Es gibt täglich Flüge von Buenos Aires zum argentinischen Provinznest Puerto Iguazú, von wo aus die Wasserfälle besucht werden können. Die verkehrsgünstigere Anbindung und die bessere touristische Infrastruktur befinden sich jedoch auf brasilianischer Seite, weshalb die Wasserfälle im Brasilien-Teil beschrieben sind.

SALTA/ARGENTINIEN

(**C 7**) »Die schöne« – aus der Indianersprache Aymara übersetzt – Stadt (370 000 Ew.) liegt auf 1200 m Höhe in einem fruchtbaren Tal, und sie bezaubert den Besucher durch ihr koloniales Flair. Salta war der Grenzposten des Vizekönigreiches Peru; aus dieser Zeit stammen die ältesten Bauten, die vom früheren Reichtum künden. Salta ist außerdem der ideale Ausgangspunkt für Abstecher in die bergige, wüste Nordwestregion.

BESICHTIGUNG

Altstadt

Spaziergänge durch das koloniale Zentrum gehen von der *Plaza 9 de Julio* mit ihren schattigen Arkadengängen aus. Der *Cabildo* von 1783, die *Kathedrale* und die Kirche *San Francisco* liegen an ihr, Cafés und Kneipen laden dort zum Einkehren ein.

MUSEUM

Museo Histórico del Norte

Das Heimatmuseum ist im alten Rathaus untergebracht und besitzt eine kleine, gutsortierte Sammlung präkolumbischer wie kolonialer Gebrauchsgegenstände. *Di–Sa 10–14 und 15.30–19.30, So 10–14 Uhr, Caseros 549*

RESTAURANT

Jockey Club

Gehobene internationale Küche in gepflegtem Ambiente. *Belgrano 366, Tel. 087/22 27 51, Kategorie 2*

Salta hat einen schönen *Indianermarkt* am Ende der *Avenida San Martín, Ecke Circunvalación.* Im *Mercado Artesanal, San Martín 2500,* finden Sie eine reiche Auswahl an Silberbeschlägen und Lederwaren.

HOTELS

Regidor
Gutes Mittelklassehotel an der Plaza. *27 Zi., Buenos Aires 10, Tel./Fax 087/31 13 05, Kategorie 3*

Salta
An der Plaza gelegenes, erstes Haus am Platze aus den dreißiger Jahren mit mittags immer voller Bar. *97 Zi., Buenos Aires 1, Tel./Fax 087/31 07 40, Kategorie 2*

AUSKUNFT

Staatliches Tourismusbüro
Buenos Aires 93, Tel. 087/31 09 50, Fax 31 07 16, Mo–Sa 9–12 und 17–21 Uhr

ZIELE IN DER UMGEBUNG

San Salvador de Jujuy   (C 7)
Die Provinzhauptstadt selbst (182 000 Ew.) bietet touristisch zwar nur wenig Spannendes, ist aber als Ausgangspunkt für Andentouren interessant. Besonders sehenswert die Schlucht ❧ *Quebrada de Humahuaca* mit ihren grandiosen roten Felswänden und interessanten geologischen Formationen. Mit Glück lassen sich hier sogar Kondore beobachten. Hotelempfehlung: *Hotel Internacional,* im Zentrum von Jujuy, *110 Zi., Belgrano 501, Tel. 0882/220 09, Kategorie 2*

Tren a las nubes   (C 7)
❧ Der legendäre »Zug zu den Wolken« fährt von Salta aus 200 km weit und über 4000 m hoch durch die Bergwüste Puna bis an die chilenische Grenze. Die Touristenzüge *(Abfahrt häufig Sa 7 Uhr, vorher erkundigen, nur zwischen April und Okt.)* enden allerdings schon am Viadukt La Polvorilla (4200 m) und kehren so zeitig zurück, daß sie gegen 22 Uhr wieder in Salta eintreffen. *Reservierung durch Tourismusbüro*

Valles Calchaquíes   (C 7)
❧ Eine Fahrt durch die fruchtbaren »heiligen Täler« nach *Cachi* führt durch eine bizarre Bergwelt und durch malerische Indianerdörfer. Busse verkehren täglich ab Salta; noch besser sind jedoch organisierte Touren oder Wochenendausflüge mit dem Auto.

SAN CARLOS DE BARILOCHE/ ARGENTINIEN

(B–C 9) Die Stadt (80 000 Ew.) am Lago Nahuel Huapi – zwei Flugstunden von Buenos Aires entfernt – ist ein Davos südlich des Äquators. Von Juli bis Oktober reisen die Wintersportler selbst aus dem fernen Rio de Janeiro an, um die Pisten des Cerro Catedral (2390 m) abzuwedeln oder am »Idiotenhügel« Cerro Otto (1405 m) Stemmbogen zu üben. San Carlos de Bariloche ist das größte Wintersportzentrum Argentiniens, und seine touristische Infrastruktur ist ganz ausgezeichnet. Aber nicht nur im Südwinter lohnt der Besuch. Zu allen Jahreszeiten kann man von San Carlos de Bariloche aus Touren in die patagonischen Anden, aber auch an die atlantische Küste unternehmen.

RESTAURANTS

Bariloche wartet mit zahlreichen teilweise hervorragenden Restaurants – mit meist deutscher und schweizerischer Küche – auf. Besonders empfehlenswert sind die der nachstehend genannten Hotels.

EINKAUFEN

Hausgemachte Schokolade und Pullover sind die Attraktionen, beispielsweise bei *Manos del Uruguay, Mitre 339.*

HOTELS

Llao Llao Hotel & Resort

Das Luxushotel gilt schon wegen seiner Lage oberhalb des Lago Nahuel Huapi und seines Restaurants *De los Césares* als eines der schönsten Argentiniens; seine Gäste werden natürlich vom Flugplatz abgeholt. *164 Zi., Reservierung in Buenos Aires Tel. 01/ 311 34 32, Kategorie 1*

Residencial Premier

Kleines Hotel im Zentrum mit deutschsprachigem Personal, sauber. *45 Zi., Rolando 263, Tel. 0944/236 81, Kategorie 3*

Tunquelén

Das vornehme Hotel mit guter Küche besitzt einen eigenen kleinen Hafen und liegt idyllisch eingebettet am Seeufer. *225 Zi., Buchung in Buenos Aires Tel. 01/ 805 45 44, Kategorie 2*

AUSKUNFT

Secretaría Municipal de Turismo

Centro Cívico, Tel. 0944/230 22, Fax 267 84, Mo–Fr 8–20, Sa 9 bis 19 Uhr, außerhalb der Wintersaison können die Zeiten differieren

ZIELE IN NORDPATAGONIEN

Halbinsel Valdés (C 10)

Die Halbinsel Valdés (Naturschutzgebiet) beherbergt die einzige See-Elefanten-Kolonie außerhalb der antarktischen Inseln; ein besonderes Schauspiel bietet sich, wenn im September und Oktober die Wale nach Valdés kommen, um sich zu paaren. Seelöwen, Robben, Kormorane, Raubmöwen, Sturmschwalben und Pinguine können an verschiedenen Buchten der Halbinsel beobachtet werden. Es gibt keinen anderen Punkt auf der Erde, der so gut zugänglich ist (und so weit nördlich liegt), um die antarktische Meeresfauna zu bewundern. Touren auf die Halbinsel Valdés werden in der Regel von *Trelew* oder *Rawson* aus organisiert; ein weiterer Ausgangspunkt ist das quirlige Städtchen *Puerto Madryn*, das im Sommer Ziel zahlreicher Urlauber ist. Hübsche Unterkunft in der ehemaligen Schule für Leuchtturmwärter: *Hostería de Punta Delgada, 30 Zi., Tel./Fax 0965/719 10, Kategorie 2*

Lago Nahuel Huapi (B 9)

Eine Dampferfahrt auf dem Lago Nahuel Huapi (mit 550 qkm so groß wie der Bodensee), in dem sich die schneebedeckten Gipfel spiegeln, ist die richtige Einstimmung *(Abfahrt von Puerto Pañuelo).* Die »Straße der sieben

Seen« *(Camino de los Siete Lagos)* und die Querung der Anden per Bus und Schiff nach Chile ist Unternehmungslustigen mit wenig Gepäck zu empfehlen.

USHUAIA/ ARGENTINIEN

(**C 12**) Die »Stadt am Ende der Welt« (50 000 Ew.) liegt windgeschützt in einer Bucht des tiefblauen Beagle-Kanals und vor der Kulisse der schneebedeckten Anden. Ushuaia, die südlichste Stadt der Erde, hat den Charme einer Pionierstadt und war bis 1946 Gefängniskolonie. Der Tourismus spielt aber eine immer größere Rolle, zumal in Ushuaia Importwaren zollfrei zu kaufen sind. Ausführlich berichtet der MARCO POLO Führer »Feuerland/Patagonien«.

BESICHTIGUNGEN

Glaciar Martial

Man kann bis an die Gletscherzunge oberhalb der Stadt wandern oder den Sessellift (Betrieb wegen Reparaturarbeiten unsicher) nehmen. In jedem Fall wird man mit einem großartigen Ausblick belohnt.

Isla de los Lobos

Mit einem Katamaran geht es hinaus auf den Beagle-Kanal zu einer Seelöwenkolonie. Kormorane, Seelöwen und Robben können aus nächster Nähe beobachtet werden. Buchung bei *Rumbo Sur, Av. San Martín 342, Tel. 0901/211 39.*

Pingüinera

Besuch der *Insel Martillo* im Beagle-Kanal, auf der im Som-

mer Magellán-Pinguine nisten. Der ganztägige Ausflug führt auch zur alten *Schaffarm Harberton. Buchung siehe oben*

MUSEUM

Museo del Fin del Mundo

Ein geschmackvoll eingerichtetes Heimatmuseum, in dem als besondere Schätze die Galionsfiguren gestrandeter Kap-Hoorn-Segler zu besichtigen sind. Außerdem wird die traurige Geschichte von der Ausrottung der Ona-Indianer dokumentiert. *Mo–Sa 16–20 Uhr, Av. Maipú 181*

RESTAURANTS

In Feuerland sollte man unbedingt frisch gefangene *centollas,* Königskrabben, probieren. Der kulinarische Gipfel aber ist ein uriger *asado fueguino* – gegrilltes Schaffleisch, das von Lämmern stammt, die keinen Stall kennen, sondern nur die würzigen Wiesen und Moore.

Moustacchio

Meeresfrüchte und Pasta; besonders zu empfehlen: eine große Platte mit Shrimps, Muscheln, Garnelen, Tintenfisch, Napfschnecken und gegrilltem Fisch. *San Martín/Godoy, Kategorie 2*

Refugio Tolkeyen

★ Hammel von der Glut der Buchenscheite; das Fleisch kommt mit einem kleinen Ofen auf den Tisch und wird immer wieder nachgereicht. *Beim gleichnamigen Hotel, Kategorie 2*

Tante Elvira

Zur Musik von Freddy Quinn erlesene Fischgerichte; spartani-

Auf Planken muß sich begeben, wer Kap Hoorn sehen will – so oder so

sches Interieur in einem unscheinbaren Holzhäuschen. *San Martín 234, Kategorie 2*

HOTELS

Albatros
Großer Kasten mit Hafenblick, 70 Zimmer und ein Restaurant mit internationaler Küche. *Av. Maipú 505, Tel. 0901/334 66, Fax 306 36, Kategorie 2*

Tolkeyen
Der gemütliche Landgasthof mit 30 Zimmern liegt am Ufer des Beagle-Kanals auf dem Gelände der ★ *Schaffarm Río Pipo,* ca. 8 km vom Stadtkern entfernt; Bustransfer nach Ushuaia. *Tel. 0901/ 226 37, Kategorie 2*

ZIELE IN DER UMGEBUNG

Cabo de Hornos (Kap Hoorn) (C 12)
Der Traum aller Seebären – einmal Kap Hoorn zu umsegeln.

Von Ushuaia aus ist dieses Abenteuer in einer Woche möglich: *Ksar Expeditions, Governador Paz 460, Oficina 10, Tel./Fax 0901/ 318 90.* Man kann das Kap auch überfliegen, *Rumbo Sur (Av. San Martín 342, Tel. 0901/211 39)* vermittelt Rundflüge.

Parque Nacional Tierra del Fuego (C 12)
Der 630 qkm große Nationalpark Feuerlands lädt mit seinen Wäldern, Bergen, Mooren, Gletschern, reißenden Flüssen und der zerklüfteten Felsenküste Wanderer, Angler und Wildwassersportler ein. Wildgänse, Austernfischer, Sturmvögel, Albatrosse und selbst Kondore, Seelöwen und Biber können bei Wanderungen beobachtet werden. Zahlreiche Camping- und Picknickplätze stehen zur Verfügung. Busausflüge organisiert *Rumbo Sur, Ushuaia, Av. San Martín 342, Tel. 0901/21 11 39.*

4000 Kilometer Landschaft

Salzseen, südamerikanisches Skandinavien und ewiges Eis

Chile liegt am Ende der Welt; aber welch ein furioses Ende ist das! Kaum ein anderes Land Südamerikas glänzt mit so vielen Wundern der Natur. Für Reisende, die Stille und Einsamkeit suchen, die gerne wandern oder angeln, Ski fahren oder kraxeln, ist Chile ideal. Hinzu kommt, daß Chile eine hervorragende touristische Infrastruktur besitzt.

Chile ist doppelt so groß wie Deutschland, wird aber nur von 13 Millionen Menschen bewohnt. Seine Gestalt ist verrückt: ein teilweise nur 140 km breiter, aber mehr als 4000 km langer Landstreifen, eingeklemmt zwischen dem Pazifik im Westen und dem Andenhauptkamm im Osten. Auf Europa und Afrika projiziert, würde Chile von Jütland bis in den Sudan reichen. Die Klimazonen spannen sich von der Trockenwüste Atacama im Norden bis zu antarktischen Eisfeldern im Süden, von Gletschern in 7000 m Höhe bis zu tropischen Oasen an der Küste – und das im Abstand von wenigen

Autostunden. Selbst ein Flecken in der Südsee zählt zu Chile: die sturmumtoste Osterinsel mit den geheimnisvollen steinernen Zeugen polynesischer Kultur.

Die Ruinen vorkolumbischer Kulturen in Nordchile belegen die frühe Besiedelung der Andentäler, in Südchile finden sich noch heute versprengte Gruppen von Prärieindianern. Fernão de Magalhães entdeckte 1519 die Passage, die quer durch die Südspitze des Kontinents verläuft und heute seinen Namen trägt; durch sie stieß er in die Weiten des Pazifiks vor und umsegelte als erster Mensch die Erde. Nur wenige Küstenforts sicherten die Herrschaft der spanischen Krone. Chile blieb bis ins 19. Jh. fast unbesiedelt, es lag abseits der großen Handelswege, und es fand sich weder Gold noch Silber. So wurde das Land erst sehr spät von Kleinbauern und Handwerkern aus Mitteleuropa kolonisiert; Sklaven- und Plantagenwirtschaft hat es in Chile nie gegeben. Deshalb erinnert Chile manchmal an Italien oder Deutschland und oft an Skandinavien; es ist ein Sonderfall – gehört es überhaupt zu Südamerika?

Nicht nur die Tatío-Geysire erinnern in Chile an Skandinavien

Die Chilenen gelten als die Preußen des Kontinents, Korruption und Schlendrian halten sich in engen Grenzen, Pünktlichkeit wird großgeschrieben. Früher schauten die reichen argentinischen Viehbarone verächtlich auf die »Krauter« im Nachbarland herab. Heute können die Chilenen stolz sein, weil sie besser leben als alle anderen Latinos, und nur in Chile findet sich eine breite Mittelklasse. Freilich ist Chiles Geschichte nicht immer gradlinig verlaufen Davon zeugt die jüngste Vergangenheit. Gegen die demokratisch gewählte, glücklose sozialistische Regierung unter Salvador Allende putschte 1973 das Militär. General Augusto Pinochet herrschte über das Land wie über einen Kasernenhof. 1989 wurde mit der Wahl von Präsident Patricio Aylwin die Demokratie wiederhergestellt; sein Nachfolger ist der Christdemokrat Eduardo Frei. Der Schock über die kurze Zeit der Volksfront (Allende) und die lange Zeit der Diktatur (Pinochet) steckt den Chilenen noch heute in den Knochen. Aber sie haben daraus gelernt: Politischer Extremismus hat in Chile auf absehbare Zeit keine Chance.

Chile erwartet den Reisenden mit einer gut ausgebauten touristischen Infrastruktur – gleichwohl ist es vom internationalen Tourismus oder gar vom Massentourismus bislang kaum berührt. Das Land eignet sich ideal für den Reisenden, der auf eigene Faust das Land durchstreifen will. Die Chilenen gelten als freundlich und weltaufgeschlossen – und im Unterschied zu Argentiniern unternehmen wohlhabendere Chilenen auch naturnahe Reisen im eigenen Land. Für sportliche Aktivitäten (Bergsteigen, Trekking, Skifahren, Wildwassersport oder Angeln) warten die Reisebüros im Lande mit zahlreichen Angeboten auf. In Chile kann man sich mit Englisch (und im Süden mit Deutsch) schon eher durchschlagen als in den übrigen Ländern Südamerikas. Die Sicherheit entspricht dem mitteleuropäischen Standard.

ARICA

(**B 6**) Salzseen, Sandwüsten, Geysire, Staub und Geröll, versteinerte Wälder und eisige Gipfel, darüber ein azurblauer Himmel, an dem nachts die Sterne wie Diamanten funkeln. Chiles Norden, ein Spielplatz der Natur, ein Reiseziel zum Gespräch mit der Erde. Wer auf Kurzweil und Komfort Wert legt, dem sei von der Gegend abgeraten. Chiles nördlichste Stadt Arica (174 000 Ew.) liegt nur 20 km von der Grenze zu Peru entfernt, zu dem sie bis 1880 gehörte, eingezwängt zwischen dem Pazifik und kahlen Bergen. Über ihren Hafen verschifft Bolivien, seit es im Salpeterkrieg (1879–1883) den eigenen Zugang zum Meer verlor, die Hälfte seiner Exporte. Arica erlebte eine kurze Blüte durch die Silberfunde in Potosí. Die Barren wurden in Arica von den Maultierkarawanen auf die spanischen Karavellen geladen. Aus dieser Zeit sind keine architektonischen Zeugen geblieben. Die Stadt erwachte aus ihrem Dornröschenschlaf erst nach der chilenischen Annexion und dem Bau der Eisenbahn im Jahr 1913. In Arica regnet es so gut wie nie. Dafür sind die Temperaturunterschiede

MARCO POLO TIPS FÜR CHILE

1 Osorno-Vulkan und Llanquihue-See
Berg- und Wandertouren in einer unberührten »skandinavischen« Landschaft (Seite 128)

2 Kupfermine Chuquicamata bei Calama
Das größte künstliche Loch der Welt (Seite 123)

3 Atacama-Wüste
Eine Mondlandschaft, wie es auf Erden keine zweite gibt (Seite 123)

4 »moais« auf der Osterinsel
Steinerne Götzen erinnern an eine untergegangene polynesische Kultur (Seite 126)

---

zwischen Tag und Nacht sehr ausgeprägt.

BESICHTIGUNGEN

Fischerhafen
Buntes Treiben unter Schwärmen von Seeschwalben und Pelikanen. Rund um das Hafenbecken zahlreiche Kantinen und Imbißstuben. Gleich nebenbei der Bahnhof für den Verkehr nach Peru; auf dem Platz davor ein altes deutsches Dampfroß von 1924 mit Zahnrädern für steile Andenpässe.

Kirche San Marco
Gustave Eiffel läßt grüßen. Das eiserne, neogotische Gotteshaus liegt oberhalb des Hafens. Auch das alte Zollhaus am Hafen ist eine Konstruktion aus dem Stabilbaukasten.

MUSEEN

Museo Arqueológico San Miguel
Das bedeutende archäologische Museum gehört zur Universität von Taracapá und liegt *13 km außerhalb Aricas im Azapa-Tal*, einer grünen Oase zwischen Geröllhalden. Neben seltenen vorkolumbischen Gebrauchsgegenständen sind dort auch die ältesten menschlichen Mumien zu besichtigen. *Mo–Fr 10–18, Sa/So 13–18 Uhr, Jan./Feb. tgl. 10–19 Uhr*

Museo Histórico y de Armas
Das Museum liegt auf dem Hausberg (Blick!) von Arica, dem Schauplatz einer Schlacht im Salpeterkrieg; dessen Ablauf wird in dem Museum dokumentiert. *Tgl. 8–21 Uhr, Morro de Arica*

RESTAURANTS

Acuario
Meeresfrüchte bei bunter Hafenatmosphäre. Saubere Küche, allerdings nicht ganz billig. *Máximo Lira, Terminal Pesquero, Kategorie 2*

Bavaria
Erwarten Sie kein Eisbein, sondern Sandwiches und Espresso. *Colón 613, Kategorie 3*

HOTELS

Hostería Arica
Das Hotel ist die Nummer eins in Arica und liegt 2 km nördlich der

Stadt an einem Lavastrand. Recht gutes Restaurant; Tennisplatz. *140 Zi., Av. Comandante San Martín 599, Tel. 058/25 45 40, Fax 23 11 33, Kategorie 2*

El Paso

In einem Park im Zentrum gelegen. Unterbringung in Bungalows, gutes Restaurant mit Weinkarte. *58 Zi., Av. General Velásquez 1109, Tel./Fax 058/23 19 65, Kategorie 2*

SPIEL UND SPORT

Golf

18-Loch-Golfplatz im Azapa-Tal. *Mo geschl., km 7 Panamericana Sur*

Strände

Die Strände nördlich von Arica *(Playa Brava, Chinchorro* und *Las Michas)* sind populär, aber wegen starker Strömungen nicht ungefährlich; ideal zum Surfen!

AM ABEND

Kasino

Neben dem Hotel El Paso in einem Park gelegen, bietet das Spielkasino mit Spielhallen, einer Bar und abendlichen Shows ein etwas surrealistisches Ambiente in der Wüstenstadt Arica. *Tgl. 21.30–3 Uhr*

AUSKUNFT

Sernatur

Prat 375, Tel. 058/23 21 01, Fax 25 45 06

ZIEL IN DER UMGEBUNG

Lauca-Nationalpark   (B 5–6)

150 km östlich von Arica auf einer Höhe von über 3000 m an der Grenze zu Bolivien. Zehn Schneevulkane von mehr als 6000 m, Vicuñaherden und Flamingoschwärme am *Chungará-See* auf 4600 m Höhe Der Eingang zum Park liegt in *Putre*, einem Dorf mit Kirche aus dem 17. Jh. Um die urtümliche Landschaft zu genießen, benötigt man mehrere Tage und geländegängige Fahrzeuge. Reisebüros in Arica bieten aber auch Wochenendtouren an. Festes Schuhwerk, Anorak und Pullover unbedingt erforderlich, nachts sinken die Temperaturen weit unter Null.

CALAMA

(B 6) Die moderne, hübsche Stadt (100 000 Ew.) auf dem Hochplateau (2200 m) inmitten weitläufiger Bergketten ist Ausgangspunkt für alle Touren in die Atacama-Wüste und die Kupfermine Chuquicamata.

RESTAURANTS

Bavaria

Modern, sauber und schnell; gut geeignet für Lunch und kleinere Mahlzeiten. *Av. Latorre/Ramírez, Kategorie 3*

Restaurant Hotel Topotel

Gilt als bestes am Ort; dennoch bitte keine besonderen Erwartungen hegen. *Camino Aeropuerto 1392, Kategorie 3*

HOTELS

Lican Antai

Freundlicher Service, gutes Frühstück, im Hotel Reisebüro und Autovermietung. *52 Zi., Ramírez 1932, Tel. 055/34 16 21, Fax 34 13 08, Kategorie 2*

Park Hotel

Hotel mit Komfort: Pool, Bar und Restaurant auf dem Weg zum Flugplatz; teuer. *60 Zi., Camino Aeropuerto 1392, Tel. 055/ 31 99 00, Fax 31 99 01, Kategorie 1*

AUSKUNFT

Desierto Diferente

Das Reisebüro organisiert Tagesausflüge in die Atacama-Wüste, das Mondtal und zu den Tatío-Geysiren. *Sotomayor 2261, Tel./Fax 055/31 51 11*

ZIELE IN DER UMGEBUNG

Atacama-Wüste (B 6)

★ Die dürrste Wüste der Welt; allein wegen ihrer herben Schönheit lohnt sich schon ein Abstecher in Chiles Norden. Salzschollen, farbige Sande und Steinformationen wie vom Mars.

Am Rande der Wüste, 120 km südöstlich von Calama, liegt der Weiler *San Pedro de Atacama,* ein verlorenes Nest in der Einöde. Unterkunft jedoch besser in Calama.

Kupfermine Chuquicamata (B 6)

★ Das größte künstliche Loch der Welt, in dem Manhattan mit seinen Wolkenkratzern verschwinden würde. Am Rande des Kraters die Bergarbeitersiedlung (17 000 Ew.). *Besichtigung* der Kupfermine (Höhe 2800 m, Entfernung von Calama 16 km) *nachmittags* möglich.

Mondtal (Valle de la Luna) (B 6)

Einmalige geologische Formation in der Nähe von San Pedro de Atacama: als hätte der Schöpfer hier ein gigantisches Salzfaß ausgestreut. Hier verhungern selbst Flöhe.

Kupfermine Chuquicamata: Superlative ohne Bergarbeiterromantik

Tatío-Geysire   (B 6)

Sie spucken pünktlich zwischen 6.30 und 8.30 Uhr auf 4300 m Höhe inmitten einer unwirklichen Vulkanlandschaft. Über Sand- und Schotterpiste *95 km westlich von San Pedro de Atacama.* Besuch nur mit organisierter Tour und per Jeep – Winterkleidung mitnehmen, es herrscht Eiseskälte!

IQUIQUE

(**B 6**) Der Name bedeutet in der Indianersprache Aymara »Rast und Ruhe«. Damit war es vorbei, als man in der Umgebung damit begann, Salpeter abzubauen. Die Hafenstadt Iquique (140 000 Ew.) galt lange als Rohstoffmetropole für Munition: Die Nitrate und andere Stickstoffverbindungen dienten (neben der Düngung) zur Herstellung von Sprengstoff – bis man in Deutschland 1913 durch das sogenannte Haber-Bosch-Verfahren großtechnisch Ammoniak aus Stickstoff und Wasserstoff gewann. Heute stinkt es in Iquique deshalb nicht mehr nach Geld, sondern nach Fischmehl.

BESICHTIGUNG

Avenida Baquedano

An der Hauptstraße der Altstadt von Iquique finden sich noch die pittoresken, zweistöckigen Balustradenhäuser und, ausgehend vom Hafen, das alte *Zollhaus,* die zentrale *Plaza Prat* mit dem *Glockenturm* und der klassizistischen *Oper* (1890) sowie, zwei Blocks nach Süden, der *Astoreca-Palast* (mit *Heimatmuseum*) – alles Bauwerke aus der Blütezeit der Salpeterminen.

RESTAURANTS

Centro Español

Ein Palast an der Plaza Prat im maurischen Stil (1904) mit Holzschnitzereien und Stuckdecken. *P. Arturo Prat, Kategorie 2*

Yachtclub

Hübsches Ambiente am Hafen mit Blick auf Seelöwen, es gibt frische Meeresfrüchte zu gesalzenen Preisen. *Caleta Pesquera, Kategorie 2*

HOTELS

Arturo Prat

Am gleichnamigen Platz mitten im Zentrum; freundlicher Service, aber Zimmer nicht unbedingt leise. *50 Zi., Aníbal Pinto 695, Tel. 057/41 10 67, Fax 42 33 09, Kategorie 2*

Hostería Cavancha

Luxushotel am gleichnamigen Strand südlich des Zentrums. Gutes Restaurant, in naher Umgebung gibt es noch weitere Lokale. *85 Zi., Los Rieles 250, Tel. 057/43 10 07, Fax 43 10 39, Kategorie 1*

SPIEL UND SPORT

Hochseefischen

Saison von März bis August: Thunfisch, Schwertfisch, Merlin. Boote können am Hafen – auch zur näheren Besichtigung der Seelöwenkolonien – gemietet werden.

AUSKUNFT

Sernatur

Aníbal Pinto 436, Tel./Fax 057/ 41 15 23

Antofagasta (B 6/C 7)

Hafenstadt (185 000 Ew.), die mit dem Salpeterboom erst Ende des 19. Jhs. entstand. Sie liegt auf dem schmalen Küstenstreifen zwischen Pazifik und Wüste. Ihre Uferstraße Costanera ist 20 km lang; an ihr reihen sich Häfen, Strände und die neuen Stadtviertel auf. Das Wahrzeichen der melancholisch wirkenden Stadt ist ein großer Betonanker oberhalb der Stadt. In der *Altstadt* rings um die Plaza und den Hafen nahebei sind die alten Verwaltungsgebäude und windschiefe Magazine aus der Salpeterzeit zu bewundern. Zwei empfehlenswerte Restaurants: *Restaurant Hotel Antofagasta* mit Blick auf Hotelstrand und alten Hafen; gediegene Küche, gilt als bestes Haus am Platz *(Balmaceda 2575, Tel. 055/26 82 59, Kategorie 2).* Der *Club de Yates (Kategorie 2) in Puerto Antiguo* bietet Meeresfrüchte mit Blick auf den alten Hafen; teure, aber gute Küche. Übernachten kann man im *Antofagasta,* einem alten, heruntergekommenen Kasten in hervorragender Lage am alten Hafen mit eigenem Strand *(168 Zi., Balmaceda 2575, Tel. 055/ 26 82 59, Kategorie 2)* oder im *Pieper.* Das ist ein preiswertes Stadthotel, sauber und modern. Keine zu hohen Erwartungen an Komfort *(15 Zi., Sucre 509, Tel. 055/ 26 36 03, Kategorie 3). Corza Turismo, San Martín 2769, Tel./Fax 055/25 11 90,* bietet viertägige Touren in die Atacama-Wüste und das Mondtal an.

Oficina Humberstone/ Santa Laura (B 6)

Zwei Geisterstädte und -fabriken aus der Salpeterzeit. Unmittelbar an der Transamericana, 50 km östlich von Iquique gelegen: eindrucksvoller Schrott mitten in der Wüste.

OSTERINSEL

(**A 7**) 3800 km vor der Küste, mitten im Südpazifik gelegen, gibt diese Insel (spanisch Isla de Pascua) den Forschern bis heute Rätsel auf. Wer waren die Ureinwohner dieses einsamen Eilands, das von jeder anderen Zivilisation weiter entfernt ist als je ein Punkt auf der Erde? Was hat sie dazu bewogen, Hunderte steinerner Götzen aufzustellen? Der Schwede Thor Heyerdahl glaubte Beweise

moai auf ahu: Auf der Osterinsel ist Europäern vieles fremd

zu haben, die Ureinwohner seien Inka gewesen; heute vermutet man, daß es polynesische Stämme waren. Der Holländer Jacob van Roggeven entdeckte zu Ostern 1722 die Insel; ein Jahrhundert darauf waren so gut wie alle Ureinwohner ausgerottet. Mit der Schafzucht wurde die Vulkaninsel auch ökologisch vernichtet. Heute leben die Bewohner der Isla de Pascua ausschließlich vom Tourismus.

Man kann die schönsten *ahus* (Altäre) und ★ *moais* (Standbilder) mit einem Fahrrad oder in der Kutsche bequem an einem Tag, zwischen zwei Flügen, besuchen. Der einzige Ort der Osterinsel ist *Hanga Roa* (2000 Ew.); im gleichnamigen *Luxushotel (60 Zi., Av. Pont 299, Buchung in Santiago Tel. 02/639 53 34, Kategorie 1)* befindet sich auch das Büro der Lan Chile, die zwei- bis dreimal pro Woche die Osterinsel anfliegt. Andere Residenciales sind nicht viel billiger; es ist klar, daß die Bewohner der Osterinsel ihr Monopol nutzen.

PUERTO MONTT

(**B 9**) Wer Norddeutschland und Skandinavien mag, der wird auch den mittleren Süden Chiles lieben; es ist alles ein bißchen ähnlich – aber dann doch wieder ganz anders, wilder, ungeschlachter, auch primitiver. Der mittlere Süden war bis zu Beginn des 19. Jhs. Land der Mapuche-Indianer; erst nach zahlreichen Vernichtungsfeldzügen gegen die Ureinwohner drangen die europäischen Kolonisten in die Wälder vor und verwandelten die Wildnis in eine Kulturlandschaft mit Ackerbau und Viehzucht – und leider auch mit eintönigen Eukalyptusplantagen für die Papierindustrie. In den Dörfern am Llanquihue-See trifft man auf Schritt und Tritt auf deutsche Spuren (z. B. im Städtchen Frutillar).

Die lebhafte Hafenstadt Puerto Montt (112 000 Ew.) mit rauhem Pioniercharme, Holz- und Wellblechhütten neben modernen Betonbauten, *Straßenmärkten* für Haushaltswaren und Pullover und dem bunten *Fischereihafen Angelmo* ist Anlegeplatz für die Fähren in den antarktischen Süden und Ausgangspunkt für zahlreiche Touren in das südchilenische Seengebiet. Und denken Sie daran: den Regenschirm nicht vergessen!

RESTAURANTS

Club de Yates

Jenseits des alten Kopfbahnhofs liegt der Yachtclub am Strand. Meeresfrüchte satt und superfrisch. *Av. Juan Soler, Kategorie 2*

Kiel

Beim Feuer der Scheite aus Südbuchenholz und einem Blick hinaus in die verregnete Fördelandschaft fühlt man sich tatsächlich an die Ostsee versetzt. Aber dann kommt die Königskrabbe auf den Tisch. *Capilla 298, Tel. 065/25 50 10, außerhalb, nur mit Taxi oder Shuttle-Service des Restaurants zu erreichen, Kategorie 1*

HOTEL

Vincente Pérez Rosales

83 Zimmer mit Blick über die Bucht, dazu ein gutes Restaurant; außerdem sind Reisebüros im Haus. *Antonio Varas 447, Tel. 065/25 25 71, Fax 25 54 73, Kategorie 2*

Vulkan Osorno und Wasserfälle von Petrohué: Paradies für Wanderer

AUSKUNFT

Sernatur
Av. Décima Región 480, Tel./Fax 065/25 45 80, Mo–Fr 8.30–13 und 13.30–17.30 Uhr

ZIELE IN DER UMGEBUNG

Isla de Chiloé (B 9–10)
Die Insel Chiloé (115 000 Ew.) ist 250 km lang und 50 km breit und liegt wie eine grüne Riesenschildkröte im Pazifik vor dem chilenischen Festland. Die Bewohner der Insel, die Chiloten, überstanden den Wechsel der Winde und den Wandel der Zeiten mit der stoischen Ruhe wettergegerbter Steuerleute. Die Chiloten hielten in Treue fest zur spanischen Krone, als das übrige Chile sich schon längst vom Mutterland losgesagt hatte. *Ancud* und *Castro* heißen die wichtigsten Hafenstädtchen der Insel, in denen man in einfachen Kneipen köstliche frische Austern bekommt. *Apio y ajo,* Sellerie und Knoblauch, ergeben eine weiße Soße, die bestens mit Hammelbraten harmoniert. Und dann probieren Sie mal Kartoffeltorte! Das frische Wetter dort draußen macht Hunger. Die westliche Hälfte Chiloés erstreckt sich als unberührte Wildnis mit Latschenkiefern und Farnen bis zur

sturmgepeitschten Pazifikküste. Eine originelle, gemütliche Anlage ist das *Unicorno Azul* in *Castro*. Alle 17 Zimmer haben einen schönen Blick über den Meeresarm *(Av. Pedro Montt 228, Tel. 065/723 69, Fax 728 08, Kategorie 2)*.

Lago de Llanquihue (B 9)

20 km nördlich von Puerto Montt liegt das freundliche, deutsch geprägte Städtchen *Puerto Varas* (23 000 Ew.) am ★ Llanquihue-See, in dem sich – bei gutem Wetter – der ebenmäßige Kegel des ★ *Osorno-Vulkans* (2652 m) spiegelt. Rund um den See sind herrliche Wandertouren möglich. Besonders lohnend ist eine Tagestour zu den *Wasserfällen von Petrohué* mit anschließender Schiffstour auf dem *Lago Todos Los Santos*. Im Sommer kann man die Strecke fortsetzen und mit mehrfachem Bus- und Schiffswechsel an einem Tag bis nach Bariloche in Argentinien reisen – ein großartiges Erlebnis. Ein gemütliches Mittelklassehotel am See mit Blick über das Wasser auf den Osorno ist das *Bellavista* in *Puerto Varas (35 Zi., Vincente Pérez Rosales 60, Tel. 065/23 20 12, Kategorie 2)*.

Lago Villarrica (B 9)

Der Lago Villarrica liegt am nördlichen Rand des Seengebiets von Südchile, dessen kaum berührte Natur ein Paradies für Wanderer, Bergsteiger und Angler ist. Zahlreiche Touren sind möglich und können von Reisebüros arrangiert werden. Saison ist von September bis März. Schöne Unterkunft in *Villarrica* im *Hotel Ciervo* (unter deutscher Leitung), *25 Zi., General Koerner 241, Tel. 045/41 12 16, Kategorie 2.*

Valdivia (B 9)

Pedro de Valdivia hat die Stadt (110 000 Ew.) gegründet, und die Spanier haben in der Folgezeit mehrere Forts an die Mündung des Río Calle Calle gesetzt. Aber ihren Aufschwung nahm die Stadt erst mit der Einwanderungswelle von deutschen Kolonisten und als Zwischenstation der Kap-Hoorn-Klipper, solange es keinen Panamakanal gab. 1909 wurde Valdivia ein Opfer der Flammen, 1960 riß ein Seebeben die halbe Stadt fort. Valdivia hat seinen provinziellen Charme behalten. Hier ist die Welt noch in Ordnung, und die Türen stehen offen. Valdivia besitzt eine gute Brauerei und eine angesehene Universität. Die Villa des Brauereibesitzers und Freigeistes Karl Anwandter ist heute das *Heimatmuseum (Museo Austral auf der Isla Teja, tgl. 10–13 und 15–18 Uhr, direkt gegenüber dem Stadtufer)* der Stadt. Es lohnt ein Abstecher, um einen Eindruck von den Gründerjahren zu gewinnen. Ein schwimmendes Restaurant auf dem Río Calle Calle, natürlich in erster Linie mit schmackhaften Meeresfrüchten, ist das *Camino de Luna (Kategorie 2)*. Übernachten kann man im *Pedro de Valdivia*, einem großen Prunkbau an der Brücke über den Río Valdivia. Guter Service, aber teuer *(77 Zi., Av. Carampangue 190, Tel. 063/21 29 31, Fax 20 38 88, Kategorie 2)*.

PUNTA ARENAS

(C 12) Schafe und Fische haben der Hafenstadt (115 000 Ew.) an der Magellanstraße Reichtum gebracht; ihre politische Bedeutung zog die Stadt aus dem Wettstreit mit Argentinien, die Südspitze des Kontinents zu besetzen. Einige Paläste künden noch vom alten Glanz, ansonsten ist Punta Arenas eine Stadt der Wellblechhütten und windigen Straßen. Punta Arenas ist der Ausgangspunkt für alle Touren in die wilde Fjordlandschaft Feuerlands und die Antarktis.

BESICHTIGUNG

Innenstadt

Rund um die *Plaza de Armas* liegen die Stadtpaläste der Schafbarone. Im *Palacio Braun-Menéndez* ist das *Regionalmuseum (Di–Sa 11–16, So 11–13 Uhr)* untergebracht; sehenswerte Sammlung über die Geschichte und die Vernichtung der Ona-Indianer.

RESTAURANTS

Centro Español

Volkstümliches Lokal mit Riesenportionen, oberhalb des Teatro Cervantes gelegen. *P. Muñoz Gamero 711, Kategorie 3*

Club de la Unión

Speisen nach Gutsherrenart; empfehlenswert natürlich Hammelbraten. *Av. Nogeira Bories/ Waldo Seguel, Kategorie 2*

HOTELS

Cabo de Hornos

Ein Stadtpalast im Zentrum, erstes Haus am Platz; guter Service. *100 Zi., P. Muñoz Gamero 1025, Tel./Fax 061/24 21 34, Kategorie 2*

Colonizadores

Großzügiges und relativ komfortables Hotel. *45 Zi., 211 de Mayo 1690, Tel./Fax 061/24 44 99, Kategorie 2*

AUSKUNFT

Paralelo 53

Dieses Reisebüro *(Chiloé 930, Tel. 061/24 16 84)* führt auch Touren in die Umgebung durch. Für aufwendige Antarktis-Unternehmungen und Touren zum Kap Hoorn sollte man bereits in Santiago Vorbereitungen treffen, dort empfehlenswert: *Turismo Cabo de Hornos, Agustinas 814, suite 706, Tel. 02/633 84 81, Fax 633 84 86*

ZIELE IN DER UMGEBUNG

Antarktis (O)

So gut wie alle Antarktistouren haben ihren Ausgangspunkt in Punta Arenas. Die Buchungen müssen aber in Santiago de Chile oder Europa vorgenommen werden. Die Mindestdauer für Antarktisabstecher beträgt zehn Tage. *Turismo Cabo de Hornos* fliegt mit Hercules-Maschinen zum chilenischen Stützpunkt Villa Las Estrellas auf der König-Georg-Insel. Alle Antarktis-Unternehmungen sind natürlich nur im Südsommer möglich und auch dann wetterabhängig; für eilige und sparsame Touristen nicht geeignet. Ausführliche Informationen über den sechsten Kontinent finden Sie im MARCO POLO Führer »Antarktis«.

Beagle-Kanal (C 12)

Die Wasserstraße, die den Namen des Forschungsschiffs Charles Darwins trägt und die lange zwischen Argentinien und Chile umstritten war, kann mit regelmäßigen Schiffstouren ab Punta Arenas befahren werden. Auch Rundflüge über die melancholische Fjordlandschaft sind möglich.

**Parque Nacional
Torres del Paine** (B 11)

Zwei- bis Dreitagestour zu den bizarren Eis- und Felsspitzen (3000 m) und Gletschern, die ins Meer münden. Der Nationalpark gehört zu den schönsten Naturdenkmälern Chiles. Zahlreiche Wanderwege führen durch diese märchenhafte, wilde Welt. Wer sie entdecken will, sollte sich gründlich vorbereiten. Unterbringung am schönsten in der *Hostería Pehoé, 5 km südlich des Parkeingangs Pehoé,* mit Seeblick und Aussicht auf die Berge *(60 Zi., Tel. 061/41 13 90, Fax 24 80 52, Kategorie 1).* Kompetentes Reisebüro für Touren: *Ventistur, Punta Arenas, im Hotel Los Navegantes, José Menendes 647, Tel. 061/ 24 46 77*

SANTIAGO DE CHILE

(**C 8**) Die moderne Metropole (5 Mio. Ew.) und Hauptstadt liegt zu Füßen der Anden, die aber meistens wegen des Smogs ihre weißen Häupter verhüllen. Santiago de Chile wächst mit Glaspalästen in die Höhe und breitet sich immer weiter nach Osten (Las Condes) zu den Anden hin aus. Im Unterschied zu vielen anderen südamerikanischen Metropolen glänzt die Stadt durch Sauberkeit und eine effiziente Metro, die den Verkehr auf der städtischen Magistrale »Alameda« (ihr offizieller Name: Av. Libertador Bernardo O'Higgins) entlastet. Santiagos Aufstieg zur Hauptstadt verlief nicht geradli-

Torres del Paine: Die Hochlandgänse haben Sinn für intakte Natur

nig; die Nord- und Südprovinzen führten ihr eigenes Leben unabhängig von der Hauptstadt, die bis ins 19. Jh. ihren dörflichen Charakter bewahrte. 1730 zerstörte ein Erdbeben die Stadt; nur die Kirche San Francisco blieb erhalten.

BESICHTIGUNGEN

Cerro San Cristóbal

Zum kleinen Hausgebirge (höchster Gipfel 880 m) mit der *Marienstatue* gelangt man durch den schönen Park am *Río Mapocho*, einem reißenden Gebirgsfluß, und über *Pío Nono* mit vielen Ausflugslokalen zur *Talstation der Zahnradbahn;* gleich daneben ein freundlicher, kleiner *Tierpark.* Von der Bergstation führen Treppen zur 36 m hohen *Mariengestalt;* ◣ Panoramablick über Santiago. Wer nicht genug hat, kann mit einer Seilbahn weitergondeln bis zur *Station* ◣ *Terraza-Bellavista* (Blick) und von dort am Steilhang hinunter ins Villenviertel *Pedro de Valdivia. Bahnen tgl. 10.30–20 Uhr*

Cerro Santa Lucía

◣ Ein Aussichtshügel (70 m) mit hübschem Park in der Stadtmitte, ihm zu Füßen das malerische, kleine Viertel *Bellavista* mit zahlreichen netten Kneipen. Bei klarer Luft schöner Blick über das Stadtzentrum. Der Parkeingang liegt an der Alameda, gleich daneben die *Nationalbibliothek* und, auf der anderen Straßenseite, die *Kirche San Francisco* (1586–1628), ein altes, düsteres Gemäuer.

Zentrum

Ausgedehnte Fußgängerzonen erleichtern einen Bummel durch das Herz der Stadt. Die *Plaza de Armas* ist der große Salon von Santiago; an ihr liegen die *Kathedrale,* das *Rathaus,* die *Hauptpost* und das *Nationalhistorische Museum.* Unter den Arkaden und dem bronzenen Pedro de Valdivia hoch zu Roß plauschen die Alten, flirten die Jungen und lernt der Nachwuchs das Gehen. Von dort gelangt man durch den *Paseo Ahumada* und die *Agustinas* zur *Moneda* (1805), dem Präsidentenpalast (früher: Münze), Schauplatz dramatischer Ereignisse beim Militärputsch 1973, bei dem der gewählte Präsident Salvador Allende umkam.

MUSEEN

Museo Histórico Nacional

Das Gebäude beherbergte ursprünglich den obersten Gerichtshof. Bilder, Möbel, Waffen – ein Lagerhaus der Geschichte, nicht besonders spektakulär, aber einen Abstecher lohnend. *Di–So 10 bis 12.30 und 14–17 Uhr, P. de Armas*

Museo Precolombino

Mitten im hektischen Gewühl des Stadtzentrums ein Hort der Stille, untergebracht in einem alten Kolonialpalast mit Patio und Arkaden. Die Sammlung stammt aus Privatbesitz und ist nicht besonders umfangreich, aber schön präsentiert. *Di–So 10–18 Uhr, Bandera 361*

RESTAURANTS

Im prunkvollen Bauch von Santiago, dem *Mercado Central,* finden sich zahlreiche einfache, aber gute Lokale – besonders Meeresfrüchte –, die man bedenkenlos ausprobieren kann.

Los Adobes de Argomedo
Speisen wie auf einer Hacienda und Unterhaltung mit Salsa und Folklore. *Argomedo 411, Tel. 02/222 21 04, Kategorie 2*

Chez Henry
Die beiden Speisesäle der *rotisería* verbergen sich hinter dem *Portal Conacha* an der *Plaza de Armas;* turbulentes Treiben, volkstümliche Atmosphäre. Die Fertiggerichte sind einfach und preiswert. *Tel. 02/696 66 12, Kategorie 2*

Chez Louis
Gemütliches, kleines Schweizer Restaurant mit edler Küche in Las Condes, dem vornehmen Viertel Santiagos; in der gleichen Gegend zahlreiche andere gute Lokale. *Las Condes 9177, Tel. 02/212 95 48, Kategorie 1*

Kupferwaren und Edelsteine aus Nordchile gibt es z.B. in Bellavista im *El Almacén Campesino, Purísima 289. Cema Chile (Av. Portugal 351)* führt Web- und Wollsachen sowie Holz- und Lederwaren aus Südchile.

Carrera
Grandhotel gleich neben der Moneda; bevorzugte Absteige für Presseleute und Staatsgäste. *325 Zi., Teatinos 180, Tel. 02/698 20 11, Fax 672 10 83, Kategorie 1*

Londres
Preiswertes Residencial mit großen, altmodischen Zimmern und mehreren Aufenthaltsräumen; früher Geheimtip der Boheme. *28 Zi., Londres 54, Tel./Fax 02/638 22 15, Kategorie 3*

Orly
Kleines, gepflegtes, altmodisches Hotel im Viertel Providencia. *23 Zi., Pedro de Valdivia 27, Tel. 02/231 89 47, Fax 252 00 51, Kategorie 1*

Alt und Neu im Spiegelbild vereint: Plaza de Armas in Santiago

Sheraton San Cristóbal

Luxusherberge abseits des Zentrums im Villenviertel Pedro de Valdivia (Nähe Seilbahn auf den Cerro San Cristóbal) mit Blick übers Mapocho-Tal. *339 Zi., Av. Santa María 1742, Tel. 02/233 50 00, Fax 234 17 29, Kategorie 1*

SPIEL UND SPORT

Pferderennen

Im Club Hípico. Rennen jeden Sa, Reservierung durch Hotel

AM ABEND

La Cucaracha

Große Orchester, Shows und natürlich Tanz, Tanz, Tanz. *Erst ab 23 Uhr zu empfehlen, Bombero Núñez 159*

Tango-Club Triolo

Spezialisiert auf Tango, der auch unterrichtet wird *(Fr und So 18–20 Uhr).* Populär und preiswert. *Cumming 795*

AUSKUNFT

Staatliches Tourismusbüro Sernatur

Av. Providencia 1550, Tel. 02/236 14 16, Fax 236 14 17, Mo–Fr 9–19, Sa 9–13 Uhr

ZIELE IN DER UMGEBUNG

Andenpaß nach Argentinien (C 8)

Durch Obstplantagen und Weingärten steigt die Straße stetig an, bis sie nach Los Andes (120 km) in steile Serpentinen und schließlich in einen Tunnel übergeht; der *Paso de los Libertadores* liegt auf 3180 m Höhe und in ewigem Schnee. Von der ❖ Paßhöhe aus ein phantastischer Blick auf die Gipfel, ganz besonders auf den höchsten Berg der Anden, den Aconcagua an der Grenze zu Argentinien (6960 m).

Parque Nacional El Morado (C 8)

Am Rande des Nationalparks liegen die schönsten und höchsten *Skipisten* Südamerikas (Saison April bis Sept.). Im Sommer (ab Okt.) sind die Orte *Cajón de Maipo* und *Farellones* (Skizentrum) über Asphalt- und Schotterstraße in zwei Stunden von Santiago zu erreichen. Eine wunderschöne Alpenlandschaft mit Gletschern; im Ort *Baños Morales Thermalbäder* im Freien; am Wochenende beliebte Ausflugsziele der Hauptstädter.

Valparaíso (B–C 8)

Die Hafenstadt (277 000 Ew.) hat sich ihr eigenartiges, herbes Flair bewahrt, das ihr Name (Paradiestal) verspricht. Wie in einem Amphitheater nisten die Holzhäuser eines über dem anderen an der steilen Küste, die zur Bucht abfällt. Uralte Schrägaufzüge und unzählige Treppen führen vom Hafen hoch. Besondere architektonische Sehenswürdigkeiten – wenn man vom monströsen Parlamentsneubau absieht – hat Valparaíso (rund 100 km westlich von Santiago) nicht. Das Leben am Hafen und in den Gassen ist es, das jedoch einen Besuch lohnt. Der vornehme Badeort *Viña del Mar,* nur 10 km nördlich von Valparaíso, ist seit der Jahrhundertwende en vogue und wartet mit einer Reihe guter Fischrestaurants auf. Es gibt zahlreiche Hotels, am besten: *Hotel O'Higgins, 263 Zi., P. Vergara, Tel. 032/88 20 16, Fax 88 35 37, Kategorie 1*

Von Auskunft bis Zoll

Hier finden Sie kurzgefaßt die wichtigsten Adressen und Informationen für Ihre Südamerikareise

AUSKUNFT

Alle größeren Reisebüros bieten Pauschalreisen nach Südamerika an; genaue Informationen über die Zielländer zu bekommen ist schon schwieriger. Eine überregionale Informationsstelle für den Tourismus in Südamerika ist die *Arbeitsgemeinschaft Lateinamerika, Bornstraße 2, 56412 Niedererbach, Tel. 06485/40 44.* Die Arbeitsgemeinschaft hat eine Liste aller Tourismus- und Reisebüros für südamerikanische Länder.

Die einzelnen Länder unterhalten nicht alle Fremdenverkehrsbüros in Deutschland. Teilweise muß man sich daher an die Zentrale in Südamerika (oder in Spanien bzw. Frankreich) wenden.

ARZT/APOTHEKE

Der Abschluß einer privaten Reisekrankenversicherung ist empfehlenswert. Kein Arzt und keine Klinik wird einen Fremden behandeln, wenn der nicht gleich mit Dollars zahlt. Apotheken *(farmacias)* sind entweder bis tief in die Nacht geöffnet oder zeigen den nächstgelegenen Notdienst an. In Südamerika sind alle gebräuchlichen Medikamente erhältlich – meist rezeptfrei.

AUTOSTOP

Trampen ist in Südamerika so gut wie unbekannt und auch nicht zu empfehlen. Die öffentlichen Verkehrsmittel sind so billig, daß es finanziell auch wenig Sinn macht. In entlegenen Gebieten Perus, Kolumbiens und Brasiliens werden Busse auch schon mal von Banditen gestoppt. Dagegen hilft nur Ruhe bewahren.

BANKEN

Die Banken öffnen meistens um 10 Uhr und schließen gegen 15 Uhr. Schlange stehen ist normal. Kaum ein Südamerikaner wechselt in der Bank sein Geld – weil private Wechselstuben *(cambios)* meistens einen besseren Kurs bieten. Traveller-Schecks sind oftmals unbekannt, Eurocheques nutzlos. Selbst die Währung eines Nachbarlandes wird allenfalls an der Grenze zu einem normalen Kurs gewechselt. Die einzige Währung, die überall verstanden und genommen wird, ist der

Die Überlandbusse machen in Südamerika auch vor Wasser nicht halt

Dollar. Mit international geläufigen Kreditkarten kommt man in besseren Hotels und Geschäften weiter.

BERGSTEIGEN

Die Anden sind ein beliebtes Ziel für Bergsteiger – aber markierte Routen, Schutzhütten oder Rettungsdienste wie etwa in den Alpen darf man nicht erwarten. Bevor Sie Ihre Route festlegen, sollten Sie unbedingt Kontakt zu örtlichen Vereinen und Reisebüros aufnehmen.

BOTSCHAFTEN

Alle südamerikanischen Länder unterhalten mit Deutschland, Österreich und der Schweiz diplomatische Kontakte. Erwarten Sie sich davon aber bitte außer im äußersten Notfall nichts! In fast allen südamerikanischen Hauptstädten (Ausnahme: die drei Guyanas) sind diplomatische Vertretungen (Botschaften, Generalkonsulate, Honorarkonsulate) Deutschlands, Österreichs und der Schweiz vorhanden. Auch hier gilt: Die Vertretungen schätzen es nicht, mit Lappalien belästigt zu werden. Für praktische Dinge empfiehlt es sich daher oft, an die Büros von Firmen, Luftlinien usw. heranzutreten.

BUSSE UND BAHNEN

Südamerika ist in alle Himmelsrichtungen mit einem hervorragenden Busnetz überzogen. Fast in jedes Dorf kommt man sicher und meist auch bequem mit dem Omnibus. Auf den großen Überlandstrecken fahren meistens klimatisierte und mit Toiletten ausgerüstete Busse. Man sollte nicht sparen: für lange Strecken immer 1. Klasse wählen – die Preise sind ja vergleichsweise niedrig. Bahnlinien in Südamerika sind dagegen kaum vorhanden und bieten eher lästige Abenteuer – abgesehen von einigen landschaftlich spektakulären Strecken, die Sie im Regionenteil beschrieben finden.

CAMPING

Campingplätze sind nur in den Nationalparks zu empfehlen. Südamerikaner kennen Camping kaum; sie wandern auch nicht. Mit Zelt und Schlafsack wird man als Streuner angesehen. Auch aus Gründen der Sicherheit empfiehlt sich Camping (wie Autostop) nicht.

EINREISE

Nur Guyana und Suriname verlangen von Europäern vor der Einreise ein Besuchervisum. Alle anderen Staaten konzedieren Reisenden aus Deutschland, Österreich und der Schweiz ein dreimonatiges Touristenvisum an der Grenze. Ein Durchschlag des Formulars verbleibt beim Reisenden und muß bis zur Ausreise aufgehoben werden.

FKK

In Südamerika so gut wie unbekannt. Oben ohne ist auch nicht üblich. Die Sitte verlangt, »komplett« bekleidet zu sein – auch wenn der Tanga wie in Brasilien, das durch Lockerheit aus der Norm fällt, nur aus einem hauchdünnen Faden besteht.

FLIEGEN

Südamerikas Flugnetz ist gut ausgebaut. Kaum eine Stadt mit mehr als 100 000 Bewohnern, die nicht angeflogen wird. Allerdings sollte man sich nicht auf die angekündigten Flugzeiten verlassen und immer und so schnell wie möglich den Weiterflug bestätigen. Argentinien, Brasilien, Chile und Peru bieten günstige Airpässe an, die aber bereits in Europa gekauft werden müssen. Saftig sind die Flughafengebühren und manchmal noch weitere Abgaben, die beim Abflug bezahlt werden müssen.

FOTOGRAFIEREN

Farbnegativfilme sind überall erhältlich, Diafilme nicht. Kein Problem, Menschen zu fotografieren, wenn man das mit einem Lächeln tut und nicht wie auf der

---

Bananenkrieg

Sie ist reich an Kohlehydraten und Vitaminen, schmeckt süß und ist krumm: die Banane. Ecuador ist der größte Bananenexporteur der Welt: Jede vierte Banane stammt aus dem Tiefland an der Pazifikküste, jeder zehnte Haushalt in Ecuador lebt von der Banane. Doch in Brüssel, dem Hauptquartier der EU, will man von Dollarbananen nichts wissen. Ecuador bleibt auf seinen Stauden sitzen – und hunderttausend Landarbeiter wurden arbeitslos.

Großwildjagd. Die Fotoausrüstung sollte man unauffällig (Einkaufstüte o.ä.) verstecken, wenn man sie auch am Ende des Urlaubs noch sein eigen nennen möchte.

IMPFUNGEN

Impfungen gegen Tetanus und Gelbfieber (letztere z. T. obligatorisch) werden empfohlen; gegen Malaria gibt es (noch) keine Impfung. Pillen dagegen nützen nicht viel – und führen zu unangenehmen Begleiterscheinungen. Wer nicht tief in Goldgräberlager vorstößt, braucht aber Malaria nicht zu fürchten. Die Cholera hat sich immer weiter verbreitet: Vorsicht bei Fischgerichten! Viel häufiger ist Durchfall; hier helfen nur Kohletabletten und eine peinlich genaue Körperhygiene. Wer Eis, Fruchtsäfte, Salate und ungeschälte Früchte auf schmuddeligen Märkten zu sich nimmt, braucht sich über Montezumas Rache nicht zu wundern.

JUGENDHERBERGEN

Ein ausgebautes Netz von Jugendherbergen wie in Europa ist nicht vorhanden. Billige Unterkünfte sind gelegentlich in Universitätsheimen oder in Pfarrhäusern zu finden. Das Angebot von preiswerten Privatpensionen gleicht das Fehlen von Jugendherbergen aus.

KLEIDUNG

So leicht, leger und bunt wie möglich – am Strand. Am besten komplettiert man seine Kleidung in Südamerika selber (Supergrößen schwierig). T-Shirt und (lange) Hosen sind für fast alle Gelegenheiten ausreichend, dazu Tennisschuhe. Allerdings legen die Südamerikaner in Restaurants und öffentlichen Gebäuden großen Wert auf korrekte Kleidung. Kurze Hosen sind unmöglich! Europäische Touristen erkennt man in der Regel an ihren grauen Klamotten und den Gesundheitssandalen. In den Anden und in Patagonien ist Winterkleidung angesagt: Die kann man am besten auch an Ort und Stelle kaufen.

MIETWAGEN

In allen größeren Städten und den besten Hotels kann man Mietwagen buchen. Das ist allerdings teurer als in Europa – schon wegen der saftigen Versicherungsgebühren (Diebe!). Die Autos sind zudem nicht immer technisch in Ordnung – Zustand vor Fahrtantritt überprüfen! Die Wagen müssen immer an den Ort der Buchung zurückgebracht werden, ein Grenzübertritt ist ausgeschlossen. Ohne Kreditkarte ist eine Buchung aussichtslos. Meist genügt der nationale Führerschein. Schon aus Sicherheitsgründen sollte man nie allein Auto fahren. In den Städten zu fahren ist schlicht halsbrecherisch. Unser Rat: Nehmen Sie einen Mietwagen nur, wenn es gar nicht anders geht, und auch dann möglichst nur in Begleitung eines Einheimischen oder Landeskenners.

MUSEEN

Die armen südamerikanischen Länder haben kaum das Geld, um großzügige Museen und Archive zu unterhalten – schon

Alexander von Humboldt bedauerte das. Deshalb kosten die Museen üblicherweise auch einen (meist geringen) Eintritt. In diesem Reiseführer sind nur Museen aufgeführt, die wirklich sehenswert sind.

NAHVERKEHR

Caracas, São Paulo, Rio, Santiago und Buenos Aires haben gut funktionierende Metros. Die meist überfüllten Stadtbusse sind spottbillig, aber oft nicht sicher (Taschendiebe). Bei mehr als zwei Personen mit dem gleichen Fahrziel lohnt sich fast immer ein Taxi.

NETZSPANNUNG

Entweder 220 Volt oder 110 – oder irgendwas dazwischen; das changiert erheblich, selbst innerhalb eines Landes haben nicht alle Orte dieselbe Netzspannung. Man sollte also einen Multiadapter dabeihaben.

ÖFFNUNGSZEITEN

Vor 10 Uhr machen die meisten Ämter und Banken nicht auf. Die Siesta (13–15 Uhr) wird streng eingehalten. Die offiziell angegebenen Öffnungszeiten – z.B. der Museen – können oft nach Lust und Laune variieren. Mit den Öffnungszeiten ist es in Südamerika wie mit allen Zeiten: Sie sind nur ungefähre Anhaltspunkte.

POLIZEI

Dein Freund und Helfer – nicht unbedingt. Wer einen größeren Schaden zu beklagen hat, sollte beim nächsten Polizeirevier ein

In Brasilien hat die Post-Moderne zum Glück noch nicht Einzug gehalten

Protokoll aufnehmen lassen. Ansonsten: nett sein zu den Beamten, aber keine hektische Aktivität von ihnen erwarten.

POST/TELEFON

Briefe brauchen mindestens eine Woche in die Heimat. Das Telefonnetz ist nur in Brasilien und Chile hervorragend, dort sind auch internationale Gespräche von jedem Dorf aus möglich. Sonst ist man auf die großen Hotels angewiesen. Überall sind Post und Telekom getrennte Unternehmen. Man sollte von den Beamten nicht zuviel erwarten: Die deutsche Einheit ist z.B. noch nicht überall herumgesprochen. Internationale Vorwahlnummern: *Deutschland* 00 49, *Österreich* 00 43, *Schweiz* 00 41, *Argentinien* 00 54, *Bolivien* 00 591, *Brasilien* 00 55, *Chile* 00 56, *Ecuador* 00 593, *Französisch-Guyana* 00 594, *Guyana* 00 592, *Kolumbien* 00 57, *Paraguay* 00 595, *Peru* 00 51, *Suriname* 00 597, *Uruguay* 00 598, *Venezuela* 00 58. Aus Kolumbien heraus wählt man am Anfang 90 statt 00 vor der Länderkennzahl.

REISEZEIT

Das ganze Jahr über bietet Südamerika ein angenehmes Klima. Je näher am Äquator, desto weniger Temperaturschwankungen. Die Jahreszeiten unterscheiden sich stärker durch den Wechsel von Regen und Trockenheit. In Amazonien kann es zwischen Dezember und April auch schon mal wochenlang vom Himmel prasseln und im Süden zwischen Mai und Juli nachts empfindlich kühl werden.

SONNENSCHUTZ

Die Kraft der tropischen Sonne ist gewaltig. Wer ohne Sonnenschutz zwischen 10 und 15 Uhr herumläuft, der spielt mit seiner Gesundheit. Im übrigen: Wo alle Menschen sonnenbraun sind, fallen Sie durch ihre schöne nordische Blässe nur angenehm auf.

SPRACHE

Spanisch – die Lingua franca, in Brasilien Portugiesisch. Mit Englisch kommt man nicht sehr weit. Ein paar Brocken der Landessprache sollte man wenigstens beherrschen. Die Körpersprache spielt in Südamerika eine große Rolle, trotzdem sollte man sparsam damit umgehen, denn die uns geläufigen Handbewegungen bedeuten nicht immer dasselbe in Südamerika.

TANKSTELLEN

Spätestens wenn die Tankanzeige auf halb steht, sollte man eine Tankstelle ansteuern, der Abstand bis zur nächsten kann leicht über 100 km betragen. Empfehlenswert ist es, immer Super zu tanken. In Brasilien und Paraguay ist der Methylalkohol als Bio-Treibstoff aus dem Zuckerrohr weit verbreitet.

TAXI

Fahren Sie nicht los, ohne vorher einen Pauschalpreis auszuhandeln oder auf Einschalten des Taxameters zu bestehen. Taxifahren ist in Südamerika (bis auf Argentinien und Brasilien) billig, aber oft halsbrecherisch.

TRINKGELD

Normalerweise werden im Restaurant bereits zehn Prozent Trinkgeld auf die Rechnung gesetzt. Getrennt zahlen gibt es in Südamerika nicht, man sollte sich vorher einigen, wer die Zeche zahlt. Den Betrag dann nach oben abzurunden beweist Ihren weltoffenen Lebensstil: Man läßt ein Teil des Wechselgeldes auf dem Teller liegen. Kofferträger, Schuhputzer, Portiers und die so zahlreichen dienstbaren Geister erwarten ein paar Scheine/Münzen, weil sie schließlich davon leben müssen. Und für Sie als reichen Reisenden ist es ja nur eine Kleinigkeit.

TRINKWASSER

Leitungswasser als Durstlöscher garantiert Durchfall, wenn nicht Schlimmeres. Gleiches gilt für Säfte und Eis, wenn sie offen am Stand angeboten werden. Man kann aber überall Trinkwasser in Plastikflaschen kaufen. Geschlossene Flaschen sollte man sich vor seinen eigenen Augen öffnen lassen.

ZEITZONEN

Je nach Sommer/Winter liegen die südamerikanischen Länder zwischen drei und sechs Stunden gegenüber der Mitteleuropäischen Zeit zurückversetzt. Brasilien hat vier Zeitzonen, Peru zwei. Hinzu kommen noch Variationen von Sommer- bzw. riationen von Sommer- bzw.

Winterzeit. Man sollte sich deshalb vor allem bei Flugbuchungen vorher vergewissern, welche Zeit gemeint ist.

ZOLL

Papier ist geduldig. Zöllner sind Menschen. Keine Regel ohne Ausnahme. Freundlichkeit ist mehr wert als ein paar Dollars, die vielleicht als Bestechung empfunden werden.

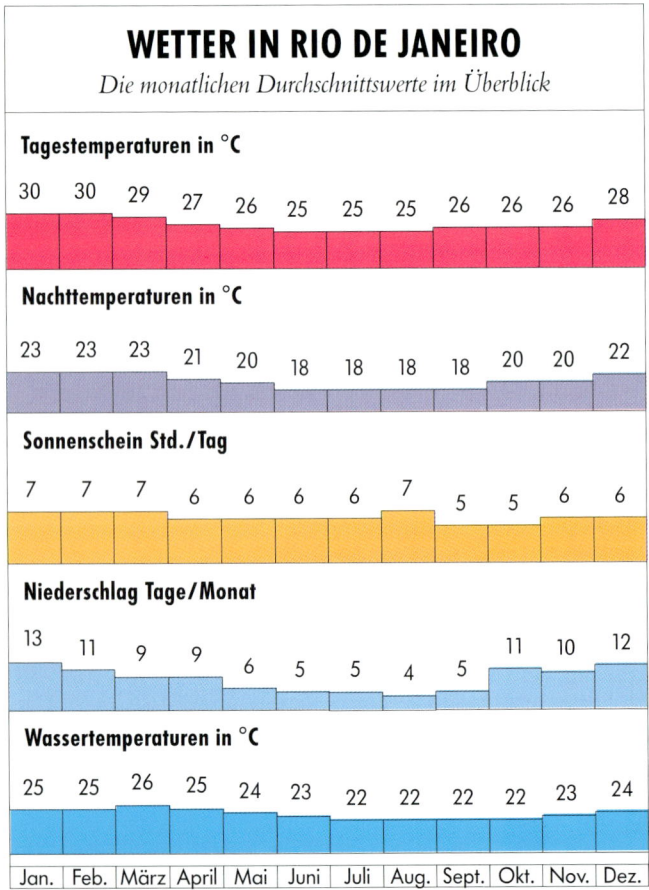

WETTER IN RIO DE JANEIRO
Die monatlichen Durchschnittswerte im Überblick

Tagestemperaturen in °C

| 30 | 30 | 29 | 27 | 26 | 25 | 25 | 25 | 26 | 26 | 26 | 28 |

Nachttemperaturen in °C

| 23 | 23 | 23 | 21 | 20 | 18 | 18 | 18 | 18 | 20 | 20 | 22 |

Sonnenschein Std./Tag

| 7 | 7 | 7 | 6 | 6 | 6 | 6 | 7 | 5 | 5 | 6 | 6 |

Niederschlag Tage/Monat

| 13 | 11 | 9 | 9 | 6 | 5 | 5 | 4 | 5 | 11 | 10 | 12 |

Wassertemperaturen in °C

| 25 | 25 | 26 | 25 | 24 | 23 | 22 | 22 | 22 | 22 | 23 | 24 |

| Jan. | Feb. | März | April | Mai | Juni | Juli | Aug. | Sept. | Okt. | Nov. | Dez. |

Bloß nicht!

*Ein paar Regeln, um in Südamerika einen
unbeschwerten Urlaub zu erleben*

Lärm ist Leben

Lärm wird in Südamerika meist als Musik empfunden; es ist sinnlos, dagegen einschreiten zu wollen. Ohropax und Gelassenheit helfen über die schlimmsten Geräuschwellen. Bei der Zimmerwahl sollte man darauf achten, nach hinten zu wohnen – was die Verkehrsgeräusche dämpft, aber dafür auch interessante Hörspiele der Nachbarn zu Ohren bringt.

Sicherheit geht vor

Ein Kapitel für sich. Sie können eine Menge unternehmen, sich nicht »kriminogen« zu bewegen. Dazu die Faustregeln: Keine Pretiosen, Brieftaschen, Kameras herumschleppen! Das gehört in den Hotelsafe! Immer eine Fotokopie des Passes bei sich haben. Geld im Schuh, Gürtel oder der Hemdenbrusttasche aufbewahren. Menschenaufläufen ausweichen; keine Hast! Sich umsichtig und ruhig bewegen, Hände frei halten. Keine finstere Miene aufsetzen, sondern freundlich schauen. Keine Gegenwehr bei einem Überfall! Kein Geld auf offener Straße oder in dunklen Eingängen wechseln! Mit gesundem Menschenverstand und Sensibilität für die Umgebung, in der man sich bewegt, wird einem nichts passieren.

Rechthaberei ist sinnlos

Auch wenn Sie tausendmal im Recht sind, bestehen Sie nicht darauf! Versuchen Sie, höflich und geschmeidig auf (vermeintliches) Unrecht zu reagieren und eine Lösung zu suchen, die dem »Gegner« hilft, das Gesicht zu wahren und einen Kompromiß zu finden. Latinos weichen harten Konflikten aus und sind in der Lage, selbst in scheinbar ausweglosen Lagen doch noch einen Ausweg zu finden.

Keine lockeren Strandsitten

Die Sitten am Strand sind keineswegs so locker wie die in Europa (Ausnahme: Brasilien). Man zieht sich auf keinen Fall, auch nicht hinter vorgehaltenem Handtuch, am Strand um.

Keine Drogen

Drogenbesitz wird hart bestraft; die südamerikanischen Gefängnisse sind Schlangengruben. Lehnen Sie es ab, Umschläge, Päckchen oder Gepäckstücke Fremder anzunehmen.

Nicht getrennt zahlen

Ein Alptraum für die Kellner: wenn eine Gruppe ausländischer Touristen getrennte Rechnungen für jede einzelne Person verlangt. Man sollte sich vorher untereinander verständigen, wer die Zeche übernimmt. Großzügiges Aufrunden zeugt von Stil; man läßt das Trinkgeld auf dem Zahlteller liegen.

Macho-Anmache

Allein oder zu zweit reisende Touristinnen sind unweigerlich plumpen bis charmanten Attacken durch Latin Lovers ausgesetzt. Dagegen ist im Prinzip kein Kraut gewachsen – aber man/frau kann sich meist durch eisiges bis höfliches Desinteresse wehren. Kleidung und Körpersprache sollten dem entsprechen. Nicht schlecht ist der Hinweis, eigene männliche »Beschützer« seien in der Nähe.

Gepäckmonster

Wer wie ein Kosmonaut oder Packesel reist, sollte sich nicht wundern, das bevorzugte Ziel von Taschendieben zu sein. Je weniger Gepäck, um so besser. Auch bei Flügen kommt nichts weg, wenn man nur Gepäck dabeihat, das mit in die Kabine genommen werden kann. Unterwegs sind preiswerte Kleider ja leicht zu erstehen – und anschließend zu verschenken.

Sinnlose Diskussionen

Politische Diskussionen sollte man mit großer Vorsicht angehen – jedenfalls solange man die Gesprächspartner nicht gut kennt. Viele Südamerikaner lassen sich im Nationalismus nicht übertreffen. Es ist dann sinnlos, sie davon überzeugen zu wollen, daß es auch noch andere schöne Länder gibt.

Unbekümmert fotografieren

Viele Brasilianer finden es toll, wenn sie fotografiert werden, bei der andinen Bevölkerung ist das nicht der Fall. Man sollte wenn möglich immer durch Handzeichen oder Fragen das Einverständnis der Personen einholen. Äußerste Vorsicht ist in der Nähe von militärischen Einrichtungen und auf Flughäfen geboten. Mancher Hobbyfotograf ist schon als Spion verhaftet worden.

Kokatee

Bereits die alten Inka schätzten Koka als Aufputschmittel. Das Kauen von Kokablättern, der Genuß von Kokasirup und Kokatee (und Coca-Cola!) machen nicht abhängig. Anders die Einnahme des kristallinen Chlorhydrats Kokain, das in mehreren chemischen Prozessen aus den Blättern gewonnen wird. Zur Herstellung der Kokapaste müssen über abenteuerliche Pisten und verschlungene Wasserwege Tonnen von Chemikalien herangeschleppt werden. 570 000 Hektoliter Kerosin, 320 000 Hektoliter Schwefelsäure, 64 000 Hektoliter Aceton und Tonnen von Kalk sind nach den Schätzungen der Rauschgiftexperten notwendig, um die peruanische Jahresproduktion von etwa 660 Tonnen Kokain zu erzielen. Ein großer Teil der Chemikalien kommt aus europäischen Labors. Die giftigen Rückstände der Kokainraffinierung werden über die Flüsse »entsorgt«.

REGISTER

In diesem Register sind alle in diesem Führer erwähnten Orte und Reiseziele verzeichnet.
Halbfette Seitenzahlen verweisen auf den Haupteintrag, kursive auf ein Foto.

Was bekomme ich für mein Geld?

 Südamerikanische Währungen tragen stolze Namen: Bolívar, Sucre und Guaraní zum Beispiel. Aber meistens sind die Scheine nicht wert, was die versprechen. Die Inflation hat fast alle Länder gebeutelt – Brasilien und Bolivien ganz besonders. In Brasilien betrug die Geldentwertung 1993 mehr als 2500 Prozent! Deshalb wurde der an den Dollar gekoppelte Real als neue Währung eingeführt. Nur in den wenigsten Staaten sind Münzen im Umlauf, mit denen man etwas kaufen kann. Für die Zentralbanken ist es billiger, immer neue Scheine zu drucken. Reisende sollten ganz genau überprüfen, welche Banknoten im aktuellen Umlauf sind, um sich nicht völlig wertlose, alte Scheine aufschwatzen zu lassen.

Der US-Dollar ist die Latte, an der sich Südamerika mißt. DM oder andere europäische Währungen sind so gut wie unbekannt. Und Traveller-Schecks – auch auf Dollarbasis – wechselt man nicht überall. Man sollte also Dollars dabeihaben und sie gut verstecken. Für Ausländer berechnen die wenigen Banken, die überhaupt wechseln, einen günstigen Touristenkurs. Aber besser noch ist der sogenannte »Parallelkurs« der privaten Wechselstuben und Devisenhändler. Seine Höhe wird in den Tageszeitungen notiert.

Welchen Kurs man auch immer bekommt – der europäische Tourist kann in Südamerika oft mit einem Bruchteil seiner üblichen Ausgaben leben. Wo kann man schon für weniger als 50 Mark rund 1000 km in bequemen Bussen reisen? Wo kostet eine Flasche Bier (0,6 Liter) nur rund zwei Mark und eine Tasse Kaffee gerade mal 80 Pfennig? Der Dollarbesitzer kann in Südamerika oft wie Gott in Frankreich leben – aber er sollte dabei auch königliche Großzügigkeit walten lassen. Wer als reicher Europäer um Pfennige feilscht, der gibt ein schlechtes Bild ab.

 Internationale Kreditkarten – insbesondere Visa, Diners, American Express – sind für die erfahrenen Reisenden eigentlich eine Selbstverständlichkeit. Mit dem Plastikgeld kann man die »großen Brocken« wie Hotels, Flüge oder Mietwagen problemlos bezahlen.

Sprechen und Verstehen ganz einfach

Zur Erleichterung der Aussprache sind alle brasilianischen Wörter mit einer einfachen Aussprache (in eckigen Klammern) versehen. ' vor einer Silbe bedeutet, daß die nachfolgende Silbe betont wird.

AUF EINEN BLICK

Ja./Nein.	Sim. [sinn]/Não. [nau]
Bitte.	Por favor. [por fa'wor]
Danke.	Obrigado/Obrigada. [obri'gado/obri'gada]
Bitte sehr./Gern geschehen.	De nada. [di 'nada]
Entschuldigung!	Desculpe!/Desculpa! [des'kulpe/des'kulpa]
Wie bitte?	Como? ['komo]
Ich verstehe Sie/dich nicht.	Não compreendo. [nau kompre'endo]
Können Sie mir bitte helfen?	Pode me ajudar, por favor? ['podschi mi aschu'dar por fa'wor]
Ich möchte ...	Eu quero ... ['eu 'kero]
Das gefällt mir (nicht).	Isto (não) me agrada. ['isto (nau) mi a'grada]
Haben Sie ...	O senhor/a senhora tem .. [o sen'jor/a sen'jora teng]
Wieviel kostet das?	Quanto custa isso? ['kwanto 'kusta 'ißo]
Wieviel Uhr ist es?	Que horas são? [ke 'oras sau]

KENNENLERNEN

Guten Morgen!	Bom dia! [bong 'dschia]
Guten Tag!	Bom dia!/Boa tarde! [bong 'dschia/boa 'tardschi]
Guten Abend!/Gute Nacht!	Boa noite! ['boa 'noitschi]
Hallo!	Oi! [oi]
Wie geht's?/Alles klar?	Como vai?/Tudo bem? ['komo wai/'tudo beng]
Danke, gut.	Tudo bem. ['tudo beng]
Und wie geht's Dir, alles klar?	E você, tudo bem? [i wo'se 'tudo beng]
Auf Wiedersehen!	Até logo!/Tchau! [a'tä 'logo/tschau]

Auskunft

links	à esquerda [a es'kerda]
rechts	à direita [a di'reita]
geradeaus	em frente [eing 'freintschi], direto [di'räto]
nah	perto ['perto]
weit	longe ['lonschi]
Bitte, wo ist ...?	Onde fica ..., por favor? ['ondschi 'fika por fa'wor]
Wie weit ist es von hier nach ...?	Qual é a distância daqui à ...? ['kwau ä a dis'tansia da'ki a]

Panne

Ich habe eine Panne.	O carro quebrou. [o 'kaho ke'brou]
Können Sie mich zur nächsten Werkstatt mit-nehmen?	Por favor, pode me levar até a oficina mais próxima? [por fa'wor 'podschi mi le'war a'tä a ofi'sina mais 'prosima]
Wo ist hier die nächste Werkstatt?	Onde tem uma oficina mais próxima? ['ondschi teng 'uma ofi'sina mais 'prosima]

Tankstelle

Wo ist hier die nächste Tankstelle?	Onde fica o posto de gasolina mais próximo? ['ondschi 'fika o posto di gaso'lina mais 'prosimo]
Wollen Sie Benzin oder Alkohol?	Quer gasolina ou álcool? [ker gaso'lina ou 'alkol]
Ich möchte ...	Eu quero ['eu 'kero]
20 Liter Benzin	vinte litros de gasolina [wintschi 'litros di gaso'lina]
für 20 Real Benzin	vinte reais de gasolina ['wintschi re'ais di gaso'lina]
Volltanken bitte.	Cheio, por favor. [scheio por fa'wor]

Unfall

Achtung! / Vorsicht!	Cuidado! [kui'dado]
Rufen Sie ...	Chame ... ['schami]
... die Polizei.	... a polícia. [po'lisia]
... einen Arzt.	... um médico. ['mädschiko]
... die Feuerwehr.	... os bombeiros. [os bom'beiros]
Es war meine/Ihre Schuld.	A culpa foi minha/sua. [a 'kulpa 'foi 'minja/'sua]
Hier ist meine Adresse und die Versicherungs-nummer.	Aqui está meu endereço e o número da apólice de seguro. [a'ki es'ta 'meu ende'reso i o 'numero da a'polisi di se'guro]

ESSEN

Wo gibt es hier ...
  ein gutes Restaurant?

Onde tem ... ['ondschi teng]
  um bom restaurante?
  [um bong restau'rantschi]

ein nicht zu teures
Restaurant?

um restaurante não muito caro?
[um restau'rantschi nau 'muito 'karo]

Gibt es hier eine Kneipe
mit Musik?

Há aqui um bar com música viva? [a
a'ki um bar kon 'musika wiwa]

Ich möchte einen Tisch
für 6 Personen reservie-
ren.

Eu quero reservar uma mesa para seis
pessoas. ['eu 'kero reser'war 'uma 'mesa
'para seis pe'ßoas]

Auf Ihr Wohl!

À sua saúde! [a 'sua sa'udschi]

Bezahlen, bitte.

A conta, por favor.
[a 'konta por fa'wor]

Hat es geschmeckt?

Gostou? [gostouu]

Das Essen war ausge-
zeichnet.

A comida estava excelente.
[a ko'mida es'tawa ese'leintschi]

ÜBERNACHTUNG

Können Sie mir ... emp-
fehlen?
  ... ein gutes Hotel
  ... eine Pension

Você pode me indicar ...
[wo'se 'podschi mi indi'kar]
  ... um bom hotel? [um bong ho'tel]
  ... uma pensão? ['uma pen'sau]

Haben Sie ein freies
Zimmer?

Tem um quarto vago?
[teng um 'kwarto 'wago]

Ich möchte ...
  ein Einzelzimmer.

Quero ... ['kero]
  um quarto de solteiro.
  [um 'kwarto di sol'teiro]

ein Doppelzimmer.

um quarto de casal.
[um 'kwarto di ka'sau]

mit Bad.

com banheiro. [kon ban'jeiro]

Wir bleiben ...
  eine Nacht.
  eine Woche.

Vamos ficar ... ['wamos fi'kar]
  uma noite. ['uma 'noitsche]
  uma semana. [uma semana.]

PRAKTISCHE INFORMATIONEN

Arzt

Können Sie mir einen guten Arzt empfehlen?

Pode me recomendar um bom médico. ['podschi-mi rekomen'dar um bon 'mädschiko]

Ich habe hier Schmerzen.

Tenho dores aqui. ['tenjo 'dores a'ki]

Bank

Wo ist hier bitte die nächste Bank/Wechselstube?

Onde é o banco/casa de câmbio mais próximo/a? ['ondschi ä o 'banko/kasa di 'kambio mais 'prosimo/a]

Ich möchte ... Mark/Schilling/Schweizer Franken wechseln.

Quero trocar ... marcos alemães/xilin/francos suíços. ['kero tro'kar ... 'markos ale'mais/'schiling/frankos 'swißos]

Post

Ich möchte ... nach Deutschland/Österreich/in die Schweiz schicken.

Eu quero mandar ... para a Alemanha/Áustria/Suíça. ['eu 'kero man'dar ... 'para ale'manja/'austria/'swißa]

... einen Brief

... uma carta. ['uma 'karta]

... eine Postkarte

... um cartão postal. [um kar'tau pos'tau]

Wieviel kostet es?

Quanto custa? ['kwanto 'kusta]

Zahlen

0	zero ['sero]	20	vinte ['wintschi]
1	um [um]	21	vinte e um ['wintschi i um]
2	dois [dois]	22	vinte e dois ['wintschi i dois]
3	três [tres]	30	trinta ['trinta]
4	quatro ['kwatro]	40	quarenta [kua'renta]
5	cinco ['sinko]	50	cinquenta [sin'kwenta]
6	seis/meia [seis/meija]	60	sessenta [se'ßenta]
7	sete ['sätschi]	70	setenta [se'tenta]
8	oito ['oito]	80	oitenta [oi'tenta]
9	nove ['nowi]	90	noventa [no'wenta]
10	dez [deis]	100	cem [seng]
11	onze ['onsi]	101	cento e um ['sento i um]
12	doze ['dosi]	200	duzentos [du'sentos]
13	treze ['tresi]	1000	mil ['miu]
14	catorze [ka'torsi]	2000	dois mil [dois 'miu]
15	quinze ['kinsi]	1000000	um milhão [um mil'jau]
16	dezesseis [dese'ßeis]		
17	dezessete [dese'ßätschi]	1/2	um meio [um 'meio]
18	dezoito [de'soito]	1/3	um terço [um 'terso]
19	dezenove [dese'nowi]	1/4	um quarto [um 'kwarto]

Sprechen und Verstehen ganz einfach

Zur Erleichterung der Aussprache:

c	vor »e, i« stimmloser Lispellaut, stärker als engl. »th«. Bsp.: gracias
ch	stimmloses deutsches »tsch« wie in »tschüs«
g	vor »e, i« wie deutsches »ch« in »Bach«
gue, gui/ que, qui	das »u« ist immer stumm, wie deutsches »g«/ »k«
j	immer wie deutsches »ch« in »Bach«
ll, y	wie deutsches »j« zwischen Vokalen. Bsp.: Mallorca
ñ	wie »gn« in »Champagner«
Abkürzung »Am«:	lateinamerikanisch

AUF EINEN BLICK

Ja./Nein.	Sí./No.
Vielleicht.	Quizás./Tal vez.
In Ordnung./Einverstanden!	¡De acuerdo!/¡Está bien!
Bitte./Danke.	Por favor./Gracias.
Vielen Dank!	Muchas gracias.
Gern geschehen.	No hay de qué./De nada.
Entschuldigung!	¡Perdón!
Wie bitte?	¿Cómo dice/dices?
Ich verstehe Sie/dich nicht.	No le/la/te entiendo.
Ich spreche nur wenig …	Hablo sólo un poco de …
Können Sie mir bitte helfen?	¿Puede usted ayudarme, por favor?
Ich möchte …	Quiero …/Quisiera …/Me gustaría …
Das gefällt mir (nicht).	(No) me gusta.
Haben Sie …?	¿Tiene usted …?
Wieviel kostet es?	¿Cuánto cuesta?
Wieviel Uhr ist es?	¿Qué hora es?

KENNENLERNEN

Guten Morgen!	¡Buenos días!
Guten Tag!	¡Buenos días!/¡Buenas tardes!
Guten Abend!	¡Buenas tardes!/¡Buenas noches!
Hallo! Grüß dich!	¡Hola! ¿Qué tal?
Ich heiße …	Me llamo …
Wie ist Ihr Name, bitte?	¿Cómo se llama usted, por favor?
Wie geht es Ihnen/dir?	¿Qué tal está usted?/¿Qué tal?
Danke. Und Ihnen/dir?	Bien, gracias. ¿Y usted/tú?
Auf Wiedersehen!	¡Hasta la vista!/¡Adiós!
Tschüs!	¡Adiós!/¡Hasta luego!
Bis bald!	¡Hasta pronto!
Bis morgen!	¡Hasta mañana!

Auskunft

links/rechts — a la izquierda/a la derecha
geradeaus — todo seguido/derecho
nah/weit — cerca/lejos
Wie weit ist das? — ¿A qué distancia está?
Ich möchte … mieten. — Quisiera alquilar …
… ein Auto — … un coche (*Am* un carro).
… ein Boot — … una barca/un bote/un barco.
Bitte, wo ist …? — Perdón, ¿dónde está …
… der Bahnhof — … la estación (de trenes)?
… der Busbahnhof — … la estación de autobuses /la terminal?
… die U-Bahn — … el metro (*Am* el subterráneo)?
… der Flughafen — … el aeropuerto?
Zum … Hotel. — Al hotel …

Panne

Ich habe eine Panne. — Tengo una avería.
Würden Sie mir bitte einen Abschleppwagen schicken? — ¿Pueden ustedes enviarme un cochegrúa, por favor?—
Gibt es hier in der Nähe eine Werkstatt? — ¿Hay algún taller por aquí cerca?

Tankstelle

Wo ist bitte die nächste Tankstelle? — ¿Dónde está la estación de servicio/la gasolinera más cercana, por favor?
Ich möchte … Liter … — Quisiera … litros de …
… Normalbenzin. — … gasolina normal.
… Super./… Diesel. — … súper./… diesel.
… bleifrei/… verbleit. — … sin plomo./… con plomo.
… mit … Oktan. — … de … octanos.
Volltanken, bitte. — Lleno, por favor.

Unfall

Hilfe! — ¡Ayuda!, ¡Socorro!
Achtung! — ¡Atención!
Vorsicht! — ¡Cuidado!
Rufen Sie bitte schnell … — Llame enseguida …
… einen Krankenwagen. — … una ambulancia.
… die Polizei. — … a la policía.
… die Feuerwehr. — … a los bomberos.
Haben Sie Verbandszeug? — ¿Tiene usted botiquín de urgencia?

Es war meine Schuld. — Ha sido por mi culpa.
Es war Ihre Schuld. — Ha sido por su culpa.
Geben Sie mir bitte Ihren Namen und Ihre Anschrift. — ¿Puede usted darme su nombre y dirección?

ESSEN/UNTERHALTUNG

Wo gibt es hier …
  … ein gutes Restaurant?
  … ein nicht zu teures Restaurant?
Gibt es hier eine gemütliche Kneipe?
Reservieren Sie uns bitte für heute abend einen Tisch für 4 Personen.
Auf Ihr Wohl!
Bezahlen, bitte.
Hat es geschmeckt?
Das Essen war ausgezeichnet.
Haben Sie einen Veranstaltungskalender?

¿Dónde hay por aquí cerca …
  … un buen restaurante?
  … un restaurante no demasiado caro?
¿Hay por aquí una taberna acogedora?
¿Puede reservarnos para esta noche una mesa para cuatro personas?
¡Salud!
¡La cuenta, por favor!
¿Le/Les ha gustado la comida?
La comida estaba excelente.

¿Tiene usted un programa de espectáculos?

EINKAUFEN

Wo finde ich …?
  eine Apotheke
  eine Bäckerei
  ein Fotogeschäft
  ein Einkaufszentrum
  ein Lebensmittelgeschäft

  einen Markt

Por favor, ¿dónde hay …?
  una farmacia
  una panadería
  una tienda de artículos fotográficos
  un centro comercial
  una tienda de comestibles
  (*Am* un almacén)
  un mercado

ÜBERNACHTUNG

Können Sie mir bitte … empfehlen?
  … ein Hotel
  … eine Pension
Ich habe ein Zimmer reserviert.
Haben Sie noch …
  … ein Einzelzimmer?
  … ein Zweibettzimmer?
  … mit Dusche/Bad?
  … für eine Nacht?
  … für eine Woche?
  … mit Blick aufs Meer?
Was kostet das Zimmer mit …
  … Frühstück?
  … Halbpension?

Perdón, señor/señora/señorita.
¿Podría usted recomendarme …
  … un hotel?
  … una pensión?
He reservado una habitación.

¿Tienen ustedes …
  … una habitación individual?
  … una habitación doble?
  … con ducha/baño?
  … para una noche?
  … para una semana?
  … con vista(s) al mar?
¿Cuánto cuesta la habitación con …
  … desayuno?
  … media pensión?

Arzt

Können Sie mir einen guten Arzt empfehlen?	¿Puede usted indicarme un buen médico?

Ich habe …
… Durchfall.
… Fieber.
… Kopfschmerzen.
… Zahnschmerzen.

Tengo …
… diarrea.
… fiebre.
… dolor de cabeza.
… dolor de muelas.

Bank

Wo ist hier bitte …
… eine Bank?
… eine Wechselstube?

Por favor, ¿dónde hay por aquí …
… un banco?
… una oficina/casa de cambio?

Ich möchte … DM (Schilling, Schweizer Franken) in Peseten (Pesos) wechseln.

Quisiera cambiar … marcos alemanes (chelines, francos suizos) en pesetas (pesos).

Post

Was kostet …
… ein Brief …
… eine Postkarte …
… nach Deutschland?

¿Cuánto cuesta …
… una carta …
… una postal …
… para Alemania?

Zahlen

0	cero	19	diecinueve
1	un, uno, una	20	veinte
2	dos	21	veintiuno, -a, veintiún
3	tres	22	veintidós
4	cuatro	30	treinta
5	cinco	40	cuarenta
6	seis	50	cincuenta
7	siete	60	sesenta
8	ocho	70	setenta
9	nueve	80	ochenta
10	diez	90	noventa
11	once	100	cien, ciento
12	doce	200	doscientos, -as
13	trece	1000	mil
14	catorce	2000	dos mil
15	quince	10000	diez mil
16	dieciséis		
17	diecisiete	1/2	medio
18	dieciocho	1/4	un cuarto